Philibert Florence

Esquisses

Et

Souvenirs

Avec gravures hors texte

NICE

Imprimerie du Patronage Saint-Pierre

40, Place du XVe Corps, 40

1923

Philibert Florence

Esquisses

Et

Souvenirs

Avec gravures hors texte

NICE

Imprimerie du Patronage Saint-Pierre

40, Place du XVe Corps, 40

1923

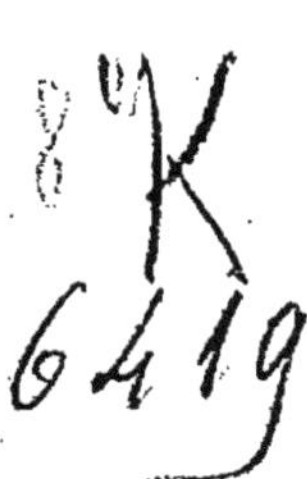

A mon Mari

Thérèse F.

P. Florence

Avant=Propos

J'ai demandé à M. l'Abbé Derouet, Licencié-
ès-Lettres, de revoir les Fragments manuscrits
de mon mari Philibert FLORENCE, que je livre
au public.

M. l'Abbé Derouet n'est plus à faire connaître à Monaco. On l'y a vu à l'œuvre, on l'y aime,
on l'y apprécie autant que ceux qui ont eu son
passé. Le Directeur du Séminaire où, jeune prêtre, il professa dans le Diocèse de Sées, signalait
en 1907 « sa politesse, sa bonne éducation, son

dévouement, sa délicatesse de cœur vis-à-vis des élèves et des confrères ». En 1920 le Vicaire Général de Sées, M. PRUNIER, tout en assurant M. DEROUET des bénédictions de son « Evêque d'origine », déclarait voir en lui « une valeur à tous points de vue ». Paris, sous la plume de M. AUDOLLENT, Vicaire Général, ne l'estimait pas moins, et les lettres du Curé de Saint-Honoré d'Eylau, M. Soulange BODIN, montrent qu'on ne donna pas sans regrets ce prêtre à notre belle Cathédrale.

Quand je lui apportai mes grimoires, il fit comme avec les élèves et les confrères d'autrefois. Et mettant à sa tâche nouvelle sa science, son art et son cœur, il s'efforça de conserver (dût le français en souffrir un peu) à l'original son entière saveur.

Je le remercie de m'avoir ainsi délicatement aidée à élever un monument impérissable à Celui que mon Souvenir et mon Cœur n'oublieront jamais.

Thérèse Florence

— 1923 —

I

AUX TEMPS HÉROÏQUES

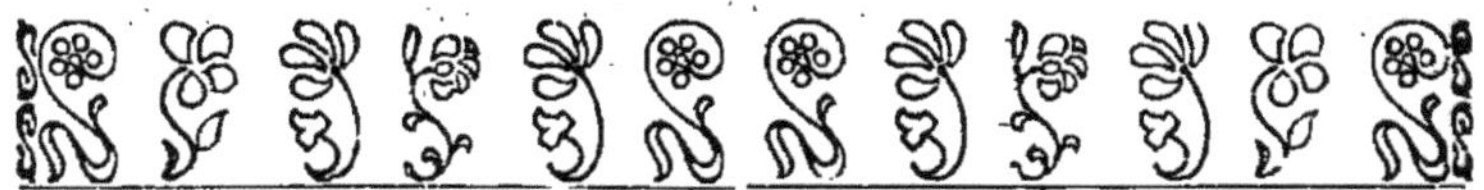

Les Portes du Vieux Monaco

Il est souvent intéressant de revenir en arrière, et de rappeler des faits qui peuvent instruire, sur le passé, les jeunes générations. En voici un, pas très éloigné, dont seuls ceux de mon âge se souviennent : c'est la fermeture des deux portes de Monaco.

Depuis la plus haute antiquité, le rocher de Monaco, par sa conformation même, était devenu, et est resté, une forteresse, n'ayant qu'une entrée : c'était la porte Major, par laquelle on pénétrait dans la vieille cité.

Le Prince Honoré V, ayant fait construire la nouvelle route carrossable qui aboutit à la place du Palais, il fallut établir une seconde porte à l'extrémité Est de la presqu'île. On utilisa celle qui était au bas de la rampe Major. Elle n'avait plus de raison d'être, vu l'importance que les nouveaux perfectionnements de la guerre de siège, enlevaient à cette position réputée autrefois inexpugnable. Cette porte prit le nom de porte Neuve et fut fermée tous les soirs à neuf heures. Elle avait été construite probablement sur les plans de Vauban comme son aînée de la place du Palais.

Dans ces temps, la population presque entière de la Principauté habitait la forteresse. Une soixantaine de gens, au plus, était fixée au dehors : une partie au port, principalement des gens de mer, une autre agglomération aux Moulins, et le reste dans quelques maisons disséminées sur le territoire. La majeure partie de cette population était agricole. Au jour, les portes s'ouvraient, et la plupart des habitants quittant la ville avec leurs bêtes de somme, allaient cultiver leurs terres. Ils revenaient le soir, et devaient être rentrés au dernier appel du tambour. Le premier avait lieu à huit heures et demie, et le dernier à neuf heures. Si quelqu'un manquait au dernier, il lui restait la ressource de dormir à la belle étoile.

Un corps de garde, avec un piquet, gardait la porte Major. Une sentinelle était à la porte

Neuve, qui ne s'ouvrait jamais la nuit. Il n'y avait que deux cas de force majeure, qui pouvaient mettre en communication l'extérieur et l'intérieur : un malade réclamant le Curé, ou le docteur pour une femme en couches. Ce n'était pas une petite affaire. Après les portes fermées, les clefs étaient portées au général commandant la Place, par le portier de la Ville, et un sergent. Donc à un appel tout le monde devait être sur pied : le portier, le sergent. Quelquefois le général, si son ordonnance était absente, devait attendre le retour de la clef, sans compter le Docteur et le Curé. Le malheureux qui venait chercher le secours de la religion ou de la médecine, devait frapper à la porte Major. Le chef de poste, après lui avoir fait décliner nom et prénom, et surtout la cause de cette visite intempestive le laissait dehors, et allait avec sa suite chercher la clef de la poterne à la Place. Ensuite ils devaient aller carillonner chez le Docteur ou le Curé, qui devait passer à travers cette étroite ouverture. Pendant ce temps, l'agonisant avait le temps de mourir, et l'enfant celui de naître.

Quoique cadette, la porte Neuve fut ouverte la première en 1858, quand on eut établi, pendant l'été, la maison de jeu, à la villa Arnoux à la Condamine. On ne pouvait fermer cet établissement qu'à minuit, pour profiter de la fraîcheur des soirées, et surtout des bénéfices espérés. Après la levée de la caisse, le directeur M. Giraud de S. Fargeau habitant Monaco, se faisait accompagner par un jeune garçon portant un sac d'écus et de louis, et une lanterne pour éclairer la route. Et le couple rentrait lentement par cette porte. (Je me demande si au temps actuel, ce jeune enfant portant la caisse, et ce vieilllard cacochyme avec son portefeuille bourré de billets, n'auraient pas tenté quelque amateur du bien d'autrui ? Autres temps autres mœurs). La porte Major fut ouverte deux ans après. La population était tellement habituée à être sous clef, que les mauvaises langues prétendirent que beaucoup de personnes ne dormirent pas la nuit où cette quiétude disparut. Ils avaient peur de qui, de quoi ? Effet d'habitude.

La Plage du Canton [1]

Que de souvenirs me reviennent à la mémoire, en énumérant les multiples beautés de cette partie de la côte ! En suivant le chemin rocailleux et accidenté qui passait entre le rocher de Monaco, et le pied de la montagne de la Tête de Chien, en côtoyant les propriétés Biovès et Jioffredy, on débouchait par un passage étroit en vue de la ravissante baie du Canton. L'impression était grande, et on aspirait avec délice la fraîcheur et les émanations marines qui mon-

(1) Fonvielle, était la partie en face de la source du même nom, et Canton, celle comprise par le récif, et la petite plage, formant angle au coin avec l'à pic du Palais : c'est-à-dire « canton » en dialecte monégasque.

taient de cette côte abrupte, sauvage, et inhabitée. A droite la pointe avancée des Barayes, et à gauche le rocher à pic, sur lequel sont posés les jardins, et le Palais des Grimaldi. Sur la pente au premier plan, des oliviers et des caroubiers vigoureux et tordus ; vigoureux, à cause de la position abritée et chaude de la baie, et tordus par la force des vents de mer qui les couchaient. Au pied la plage formée de débris de tuf, parmi lesquels des fragments infinis de coquillages fossiles. Sur une grande partie de cette plage, un récif d'une soixantaine de mètres sur près de deux cents, s'avançait en mer. Ce récif, devait être antérieurement un monticule de ce même tuf, utilisé pour la construction des fortifications, et réduit par le fait, à un plateau s'élevant de quelques centimètres au-dessus du niveau de la mer. Sa surface était disposée comme un damier formé de parties carrées et creuses, plus basses que le niveau de l'eau. Les séparations étant plus élevées que l'eau, on pouvait circuler à pied sec sur une très grande partie du récif. A chaque excavation il y avait un passage par lequel la mer pénétrait. Cela ne prouverait-il pas qu'on y avait installé des salines ? Cela expliquerait pourquoi le quartier au-dessus est nommé les Salines. Cette disposition formait de vraies baignoires larges et peu profondes, dans lesquelles les enfants prenaient leurs bains et leurs ébats sans aucun danger. Chacun de ces récipients était un véritable aquarium, peuplé d'une infinité d'êtres aquatiques, tels que petits poissons de toutes espèces, crevettes, crabes, arapèdes, etc. Par de gros coups de mer, les vagues y laissaient des quantités de petits mulets, qu'on pouvait prendre en abondance avec une simple épuisette. Les bords de récif, d'aplomb sur le grand fond, étaient des points excellents pour la pêche des gros poissons de roche, des poulpes, etc.

Ce coin pendant l'été, et principalement les jours de fête, devenait, par sa proximité de la ville, et ses attraits pittoresques, le rendez-vous des familles. Les hommes arrivaient le matin, et étaient certains de prendre des fritures souvent importantes, qui constituaient une forte partie du repas de midi, repas suivi d'une baignade générale. Quelle joie vraie et honnête chez tous ces braves gens, qui rapportaient en plus d'un souvenir charmant, la propreté, la santé, et l'espoir, de recommencer le dimanche suivant!

On voyait sur ces récifs quelques blocs de calcaires tombés de la Tête de Chien, qui, rebondissant dans leur chute, étaient venus se planter dans ce tuf peu résistant au poids de quelques-uns qui étaient énormes. Ces échantillons de la montagne voisine, dominante et surplombante, me faisaient l'effet de tristes cartes de visites, qui devraient donner à réfléchir. La chute de ces blocs ne peut dater de longs siècles, puisqu'ils se sont abattus sur ce chantier qui représentait la carrière de pierres extraites pour la construction de la forteresse de Monaco. Depuis, par leur destruction par la mine, on a calmé toutes les craintes et appréhensions. Les jeunes générations ignoreront le danger. On peut dire malgré cela, qu'ils faisaient très bien dans le paysage, et en augmentaient le pittoresque.

Le mamelon qui devait surmonter ce récif, étant épuisé, on dut attaquer et suivre la couche ou le filon, qui pénétrait sous le calcaire de la montagne. De là l'origine de la fameuse grotte du Canton, qui se prolonge à une assez grande distance. Je n'ai jamais pu connaître sa longueur réelle. Elle servait pendant l'été de demeure à une famille de monégasques, qui, nouveaux troglodytes, s'y installaient au moment des fortes chaleurs. C'était la seule habitation, sur toute cette partie de la côte. Etant propriétaires du terrain qui longeait la plage, ainsi que de la grotte ils se servirent de cet abri, fermèrent l'entrée, et obtinrent ainsi une très grande pièce. Vers le fond, ils amoncelèrent les fourrages, les produits de la campagne, et les outils.

En été, après que le soleil était passé derrière la Tête de Chien, la forte chaleur diminuée, nous allions avec ma famille vers cette plage de mes rêves. A peine traversé le passage entre le rocher de Monaco et la montagne, nous subissions l'impression agréable de la fraîcheur, et des parfums de toutes sortes qui montaient de ce coin privilégié. En plus des émanations marines, on sentait l'odeur très forte et spéciale des figuiers quand ils sont nombreux. Le coup d'œil sur cette mer d'huile était enchanteur, et nous invitait à aller y prendre nos ébats. Le goûter après le bain, n'était pas non plus chose à dédaigner. Ce festin avait souvent lieu chez les troglodytes. Là sur des bancs rustiques, à l'ombre des figuiers bas et traînant presqu'à terre, les habitants de la caverne nous offraient leurs figues délicieuses, comme le sont celles des arbres dont les racines plongent sous le niveau de la mer. Un point vraiment noir gâtait seul mon bonheur. Quand je jetais les yeux dans l'intérieur de la caverne se perdant dans les ténèbres, au-dessus des fourrages qui en masquaient en partie le fond, un frisson passait dans mon dos. Les quatre lits bien propres, le sol et le plafond bien secs, ne me rassuraient pas, et pour rien au monde, je n'aurais dormi dans ce bizarre logis, ayant peur d'êtres imaginaires qui sortiraient de ces profondeurs.

Quand je vois à l'heure actuelle ce coin charmant disparu et remplacé par un envahissement de la mer, formant un énorme terrain plat, plus élevé que l'ancienne plage, je regrette le vieil aspect, qui faisait la joie des enfants, des parents, et surtout des pêcheurs et des amateurs de beaux sites. Les jeux de football actuels, ne me feront pas oublier ces lieux. Cependant il est évident qu'il faut s'incliner devant les besoins de l'époque, et admettre que le pittoresque ne remplit pas toujours le ventre.

1848

Monégasques et Mentonnais

Nos populations sont loin d'être belliqueuses.
Ayant vécu dans un pays éloigné des grands
champs de bataille de l'Europe, elles ne savent
rien de la guerre. Aussi toute dispute ou querelle, après une suite d'injures, d'une violence
extrême, qui ferait prévoir ailleurs un pugilat
certain, se termine par un recul mutuel et ins-

tinctif, et on peut dire avec raison que tout est
dit.

Il en a été ainsi pendant ce qu'on est convenu
d'appeler la campagne de 48. Les deux armées se
rencontraient à la frontière de Saint-Roman. Les
Monégasques d'un côté, les Mentonnais et les
Roquebrunois de l'autre. Total des deux corps
250 hommes au plus, armés de fusils à pierre,
la plupart hors d'usage, de pioches, de vieux
pistolets, et surtout de la charpie, et des amu-
lettes. A peine arrivés à la frontière, les deux
corps, séparés par un ruisseau de un mètre de
large, et presque toujours à sec, s'attaquaient.
Les invectives, les seules armes sérieuses en leur
possession, se croisaient d'une rive à l'autre.
Tout le vocabulaire des injures et des gestes
insultants du pays, y passait. Quelquefois un
brave mettait en joue un ennemi qui faisait le
même mouvement ; mais les coups ne partaient
pas, les fusils n'étaient là que pour l'effet. Après
une heure de ces gestes expressifs mais inoffen-
sifs, les deux corps rentraient dans leurs foyers,
fiers d'avoir arrêté l'ennemi et empêché l'invasion ! (Si Daudet avait été là) !

Dans ce que je dis, il n'y a rien d'exagéré.
La preuve en est dans ce qu'un survivant de cette
mémorable campagne, me racontait, il n'y a pas
longtemps, et en termes émus. Pendant une de
ces expéditions de laquelle il faisait partie, un
ivrogne Monégasque et un confrère Roquebrunois, après une série d'insultes et de gestes

expressifs, se prirent pour de bon au collet dans le lit à sec de la rivière. Sans la prompte intervention des nôtres, dit-il, et des gens de Roquebrune qui les séparèrent, il serait arrivé un gros malheur !!!...

Souvenirs et Impressions d'enfance

Vers 1840, ma famille vint habiter le Palais. Les bureaux de mon père, et notre logement se trouvaient sur la galerie du Nord, les fenêtres donnant sur la cour. L'énorme bâtiment se ressentait encore des atteintes dévastatrices de la révolution, des installations successives, (dépôt de mendicité, fabrique de rouenneries), et surtout des intempéries. Peu de ses parties étaient habitables, hors les appartements donnant sur la place, et ceux du côté Nord. Le reste très délabré menaçait presque ruine. Mais com-

bien j'aimais cet état de vétusté qui lui donnait
le cachet si pittoresque et attachant que l'on
trouve dans toutes les grandes et vieilles constructions patinées et rongées par l'usure des siècles ! La population de la ville venait puiser
l'eau potable à la grande citerne dont le puits
était au côté Ouest du grand escalier. Ce va et
vient pendant la journée rompait la monotonie
ordinaire. La margelle du puits octogone, rayon-
nait d'ornières de cinq à six centimètres, pro-
duites par le frottement des cordes sur la pierre,
ce qui en dénotait l'ancienneté. Il en était de
même des autres citernes, principalement de
celle de la Neviera, appelée ainsi à cause de la
grande fraîcheur de son eau. Il faut ajouter aussi
que toutes étaient alimentées par les eaux plu-
viales. Il en existait six que j'ai connues. J'ai
visité l'intérieur de celle de la grande cour, dont
elle a l'étendue. Il a l'aspect d'une église à trois
nefs, formés par des piliers carrés. Une plaque
en marbre indique la date, et sous quel Prince
elle a été construite. Les jardins si beaux, et si
bien entretenus aujourd'hui, étaient incultes,
hors quelques coins choisis et bien abrités, où les
quelques habitants cultivaient des légumes bien
maigres, vu le manque d'arrosage. J'étais bien
jeune alors. Mes souvenirs bien vagues d'abord,
et plus tard plus distincts, me reviennent souvent
à la mémoire. Je me souviens de ma peur la
nuit causée par le silence de cette énorme bâtisse,
et de la tranquilité qui y succédait quand j'en

avais entendu fermer les deux portes. Alors seulement je m'endormais. Cette demeure silencieuse et presque inhabitée, était en revanche peuplée d'une foule d'animaux, oiseaux et insectes, dont on ne trouve plus trace. Chaque partie avait les siens. Les toits étaient pendant le jour le rendez-vous des moineaux, des hirondelles et des martinets qui exécutaient des rondes bruyantes dans le ciel. A l'aurore et au crépuscule ç'étaient les moineaux solitaires, et la nuit, les chouettes au cri triste et régulier. Autour du puits dans la cour, les flaques d'eau étaient l'abreuvoir de ce monde ailé. Les bergeronnettes grises et élancées venaient y sautiller. Comme quadrupèdes, les chats et les rats, étaient la majorité ; les fouines montaient par les remparts, et venaient commettre des larcins sanguinaires. Les escargots d'autre part sortaient, après la pluie, dans les jardins, et même dans la cour, et augmentaient le menu des habitants. Quelques couleuvres et de tout petits serpents, qu'on appelait Inguégli, y étaient aussi domiciliés. Les lézards verts et ordinaires très abondants cohabitaient avec les cloportes dans les crevasses, les trous, et toutes les anfractuosités des murs. Quelques crapauds et des grenouilles, en petit nombre, vu le manque d'eau à leur service, complétaient cette ménagerie.

Que de joie, que de surprises pour mon jeune âge, pendant ce séjour de quatorze ans, surtout vers le côté Nord, où la longue galerie voûtée du premier étage était tout à moi, ainsi que la terrasse du Belvédère. Elle dominait la Condamine et le port, et avait en face l'immense panorama de montagnes s'étendant de l'observatoire, ou plutôt de l'ancien sémaphore, à Bordighera. Pendant de longues heures de contemplation, le moindre incident était un événement pour moi. Les nuages avec leurs formes fantastiques, leurs ombres projetées sur les montagnes. La mer avec ses changements continus et variés. Je me contentais de peu, attendu que tout était solitaire et silencieux, hors le moment des rentrées de la campagne, qui avait lieu, lorsque j'étais déjà au lit.

Qui croirait que **dans** tout l'espace bâti, du Cap d'Ail jusqu'à Saint-Roman je ne comptais que sept constructions dont quelques-unes de très peu d'importance ? A l'Ouest, la Tour de la Turbie, plus bas une maison à Grima, la maison Melon aux Moneghetti, demie cachée dans les oliviers, en face la maison Emery, et une toute petite bâtisse aux spélugues (Monte-Carlo) n'ayant qu'une porte et une fenêtre. Aux Bestagni deux constructions, une sur la route de la corniche, et une un peu plus bas dans les oliviers. A Sainte-Dévote, la maison appelée le Rocher. Dans le bas, à la Condamine, le tombeau de la famille Rey, et une maison de paysan. Deux dans le domaine de Millo, la maison Gastaldy, et l'agglomération du port composée de sept à huit bâtisses. Tout à fait au pied de la rampe Major la maisonnette du garde. Dans le lointain Roquebrune, derrière le Càp Martin, Vintimiglia, et à l'extrémité la Bordighera.

De mon observatoire j'assistais aux changements de chaque saison. L'hiver le froid me faisait souvent quitter la séance, alors je m'extasiais derrière les vitres devant les montagnes couvertes de neige. Il en tombait parfois sur la terrasse. J'ai vu plusieurs années de suite, les grands réservoirs de la Condamine, et de la propriété Millo, complètement gelés, les enfants patiner sans aucun danger, et cela pendant plusieurs jours ! Cela prouve que les hivers, étaient plus rigoureux qu'à l'époque actuelle. Le printemps en revanche mettait une note joyeuse dans tout le panorama qui se déroulait devant et sous mes yeux. Tout reverdissait, et à la monotone couleur grise des oliviers, venait s'ajouter le vert clair des vignes et des arbres fruitiers. Au Palais, la cour et le grand escalier de marbre étaient couverts de végétation. Elle poussait entre chaque interstice. Un figuier sous la corniche, et portant des fruits, dominait la voûte de la galerie d'Hercule. Les remparts, les glacis, les murs se couvraient de fleurs. Chaque trou, chaque cavité se transformait en bouquet. Le grand éperon de la Major, produisait l'effet d'un Aubusson de verdure, piqué de jasmin d'Espagne, de pâquerettes, de coquelicots, de giroflées, de campanules bleues, de sauges jaunes, de thym et de romarin. Quelques années après, la Condamine fut louée

à Rimmel le grand parfumeur Anglais, qui établit la culture des fleurs sur une grande échelle.
Il existait déjà en masse des fleurs d'orangers, il
y ajouta les violettes de Parme, le jasmin, la
mauve rose, les tubercules, et les jacinthes. De
toutes ces fleurs réunies, il se dégageait un parfum tellement enivrant, que beaucoup de personnes à Monaco, nerveuses ou faibles, en souf-
fraient, et en avaient la migraine. Pour mon
compte, j'aspirais de mon perchoir ces émanations délicieuses. L'été, les fleurs disparaissaient
en grande partie, et mes séances étaient entre-
coupées par la forte chaleur du jour. Le matin
et le soir je reprenais mes observations. C'était
surtout à la fin du jour que grâce à l'ombre
projetée par la Tête de Chien sur Monaco, laissant toute la partie à l'Est en plein soleil, je
pouvais jouir d'une fraîcheur relative, et admi-
rer la longue silhouette des montagnes dorées
par cette lumière si douce et harmonieuse de l'été.
Elle était tamisée par une légère buée, qui n'existe pas en hiver quand la pureté de l'atmosphère
rend les effets de soleil éblouissants, et on pourrait dire exagérés. Cette lumière me charmait.
A peine la nuit venue, le concert nocturne
commençait. Les innombrables grenouilles habitant les grands réservoirs de la Condamine dé-
butaient en réclamant leur roi, les crapauds
appuyaient, les grillons aidés souvent par les
rossignols faisaient chorus, et même certains
petits insectes montraient leur bonne volonté.

Cet ensemble plutôt discordant, me charmait, malgré le cri triste des chouettes sur leurs tours. Malheureusement je ne jouissais de ces harmonies, que si quelqu'un de ma famille, ou un voisin, venait respirer la fraîcheur. Seul, je dois humblement l'avouer, l'obscurité anéantissait toutes mes facultés admiratives, et la peur étant généralement l'apanage de la jeunesse, je ne désirais qu'une chose, être dans mon lit, et les portes du Palais bien fermées. L'automne avec ses temps variables, ses pluies, ses orages, les verdures jaunies, la mer souvent agitée ou en tempête, avait moins de charmes pour moi. Les éclairs et surtout les tonnerres, ne faisaient pas mon bonheur, et, faut-il le dire, je ne cherchais qu'un coin où me cacher ! Les fruits en pleine maturité étaient le seul côté attrayant de cette saison. C'était le moment où mon jeune palais trouvait seul des satisfactions.

Le pays à cette époque était isolé, et presque séparé du reste de la côte. La route de la corniche passant au sommet des montagnes, tout le transit avait lieu par la Turbie et Menton. Si on avait à aller à Nice pour s'approvisionner, c'était par mer qu'on faisait le voyage, qui, selon le temps, pouvait être quelquefois très long. Il m'est arrivé de partir de Monaco, et, trouvant en cours de route la mer ou le vent contraire, d'être obligé de débarquer à Beaulieu ou à Saint-Jean, pour faire le reste de la route à pied. Une fois sur un voilier, obligés de louvoyer, nous

mîmes huit heures pour arriver à Nice. Quelques-
uns souffrant du mal de mer, grimpaient à la
Turbie, et la plupart du temps le courrier étant
au complet étaient obligés d'aller à pied jusqu'à
Nice. Il résultait de cette situation précaire, qu'il
n'existait ni chevaux, ni charrettes, ni voitures
dans le pays. Les moyens de locomotion étaient
tellement rares, que si on voyait poindre, au lacet
de la Costa en face de Monaco, un véhicule quelconque, tous les inoccupés, se rassemblaient et
cherchaient à savoir d'où il venait, quel était le
but de son voyage. Puis la foule augmentant, on
attendait impatiemment son arrivée pour être
fixé. Je quittais moi aussi mon Belvédère, mais
c'était pour voir le cheval.

La grande attraction de la soirée était l'appa-
rition quotidienne de la lanterne du courrier de
Gênes à Nice. Quand il apparaissait à l'embran-
chement du Cap-Martin, on suivait sa marche.
Quand on le perdait de vue, un certain temps,
masqué par la conformité de la montagne, on
attendait sa réapparition et la soirée se terminait
quand la lanterne avait disparu derrière la Turbie. En revanche le port donnait une certaine
animation. Son abri naturel contre la grosse mer,
forçait les voiliers, qui très nombreux sillon-
naient la côte dans tous les sens, à s'abriter, et à
attendre un temps favorable. Plus la tempête
était forte, plus il y en avait. Aussi quel beau
spectacle à l'accalmie. Il en sortait de tous les
ports, même de chaque baie. J'en ai compté une

fois cent onze de Bordighera à Antibes. Un tel chiffre ne se renouvelait pas souvent, mais il n'y avait là rien d'étonnant, tout le commerce de la Riviera se faisait par mer. Chaque débitant possédait un bateau de plus ou moins de tonnes, qui lui permettait d'aller s'approvisionner à Nice, Gênes ou Marseille, des marchandises nécessaires à son commerce. De mon observatoire, je ne perdais pas de vue les manœuvres de sortie ou d'entrée. Je connaissais par la construction, la nationalité de chacun, à l'arrivée, je savais si c'était un nouveau venu, ou une vieille connaissance. Dans ces moments le port était animé et bruyant, les marins sont généralement loquaces, surtout les Italiens, et leur verbe très haut, me permettait de comprendre ce qu'ils disaient. J'ai assisté en 48 à l'incendie du Brick Toscan le Fortunato. On le coula au milieu du port, pour sauver la coque. J'ai assisté aussi aux travaux de renflouement qui durèrent trois mois.

Une autre distraction trimestrielle, était le changement de garnison. Le bataillon rentrait à Nice, et était remplacé par le bataillon suivant. De mon perchoir j'assistais à son arrivée. Ces troupes descendaient de la Turbie par le mauvais chemin que tout le monde connaît. Je voyais briller les fusils à travers les oliviers, plus bas je comptais les hommes, mais ce qui m'intéressait le plus, c'était la couleur du cheval du chef de bataillon. Les manœuvres de ces troupes avaient lieu le matin et le soir à la place actuelle.

Celles du matin ne m'enthousiasmaient guère,
je préférais mon lit. Mais le soir, à peine j'entendais les tambours, je courais à mon poste d'observation, et je ne le quittais que quand les
manœuvres finies j'avais vu disparaître le batailllon derrière la Porte Neuve.

Le plus gros événement de l'année était l'arrivée du Prince et de sa famille pour passer
l'hiver au Palais. J'étais moins libre alors. Il ne
convenait pas que je passe ma journée sur ma
terrasse. Le froid aidant, je me consolais en surveillant, caché derrière les rideaux de nos fenêtres donnant sur la cour, tout ce qui s'y passait.

Cette vie de contemplations continues, qui faisait de moi un sauvage, un bouché, et un taciturne, ne devait point durer. Le jour vint où nous
dûmes quitter cette chère demeure. J'en eus un
regret immense. J'eus beaucoup de peine à m'habituer au dehors et je me trouvais comme en pays
étranger ! Maintenant, après tant d'années, ces
souvenirs me sont toujours chers, et je suis heureux d'en garder la mémoire.

La Danse

Depuis longtemps, et surtout depuis les séries de ballets exécutés au Palais de Monaco au temps d'Antoine Ier, le goût de la danse a existé chez les Monégasques. Pendant la révolution et le Premier Empire, les troubles, les guerres, et la misère générale qui en furent la conséquence, firent oublier toute espèce d'entre-chat. Mais en 1815 avec les Princes, la paix et le calme étant revenus, après tant d'inaction, les jambes se dérouillèrent et l'ancienne passion endormie, se réveilla plus forte que jamais. Tout anniversaire de fête, ma-

riage ou autre, avait son bal obligé. Faute de musique, on chantait en mesure. Sans salle, on s'installait dans les rues, sur les places devant les
maisons de campagnes. J'ai dansé sur la terre
labourée. Le lendemain l'emplacement parut
nivelé au rouleau. L'amour de la danse rendait
les hommes aveugles. Aucune idée ne les dirigeait dans le choix de leurs danseuses, ils ne leur
demandaient que la légéreté et le sentiment de
la mesure. Aussi beaucoup de jolies filles qui ne
possédaient pas ces qualités, ne quittaient souvent pas leurs places. Quand il n'y en avait
pas de douées même parmi les laides, ils préfé-
raient danser entre hommes, le meilleur dan-
seur conduisant le plus faible. Cela mettait en
fureur les mères des jolies, qui ne pouvaient
comprendre un tel mépris de la beauté.

Pendant le temps que la maladie avait empêché le Prince Honoré V de venir à Monaco, on
avait dansé chez le général comte Rey, et plus
tard chez le général Rey son frère. Ma mère me
parlait toujours de ces fêtes de sa jeunesse.

Quelques années après l'arrivée du Prince Flo-
restan, en 1849, sa fille la Duchesse Florestine,
qui, à l'âge de dix ans, ne devait guère se distraire, n'étant entourée que de personnes d'un autre
âge, fit venir l'idée à la Princesse Caroline, d'in-
viter des fillettes à venir jouer et surtout danser
les dimanches après-midi. Elle dirigeait elle-mê-
me ces réunions et ces ébats. Faute d'orchestre
c'est elle qui en chantant, apprenait la danse

à cette jeunesse. Pour ceux qui n'ont pas connu cette femme, étonnante par son intelligence, son caractère sérieux et ses mâles qualités, qui firent dire à Guizot que beaucoup de Souverains auraient été heureux de posséder un tel ministre, ce rôle, je dirai d'institutrice, aurait paru tout naturel. Chez elle, ce n'était que le devoir et l'amour maternel qui la poussaient à enseigner le quadrille et la polka. C'est elle qui m'a appris la valse allemande, car j'étais au nombre des invités, limités alors à Mademoiselle Biovès la fille du docteur, et à mes deux sœurs aînées. Plus tard on invita Mademoiselle Bellando, la fille du commandant en retraite du même nom. Elle nous enseigna même « la Monaco », d'après les anciennes règles de cette vieille danse locale qui fut dansée à la cour de Louis XIV.

A l'arrivée du Duc de Valentinois, ces bals prirent une plus grande importance. Ils ne furent plus pour les enfants ; les jeunes élèves de la Princesse avaient grandi. D'autres Dames et Messieurs furent invités. Au carnaval, des bals masqués eurent lieu. L'orchestre seul ne subissait pas la marche ascendante. Depuis longtemps une flûte, un mauvais violon, et une encore plus mauvaise contrebasse suffisaient à nous marquer la mesure. Malgré cela, quelle joie ! quel entrain! Il ne fit qu'augmenter, quand un orchestre, fourni par la première maison de jeu, faillit par sa sonorité, et la perfection de sa musique de danse, nous faire pousser des ailes.

Avec de tels précédents, il n'est pas étonnant que j'aie conservé, une grande partie de ma vie, une passion irrésistible pour le bal. Elle m'a permis de tenir tête et d'accomplir de vraies acrobaties, comme de danser tous les jours de la semaine, excepté le vendredi, en répondant et me rendant à toutes les invitations du littoral, à Menton, Monaco, Villefranche, où les bals avaient lieu sur les navires des flottes de guerre étrangères mouillées dans cette grande baie, et à Nice, chez la baronne Prosth, et le banquier Carlone, propriétaire du Journal Français *l'Avenir de Nice*. Avec le *Nizardo* c'étaient les deux feuilles quotidiennes publiées à Nice. J'ai dansé au Palais de Monaco, jusqu'à la fin, à la suite de la cécité complète du Prince Charles III, même chez la comtesse de Vedel ma marraine, chez les généraux Sardes qui commandaient la place, et à Menton au cercle Philarmonique dit des étrangers. A partir de 57, la maison de jeu étant établie dans la Principauté, je dansai au premier casino, qui était sur la place du Palais. Il fut transféré à la maison Galbarini. En plus je ne manquais pas aux bals populaires qui avaient lieu sous les platanes de l'avenue Sainte-Barbe. 1859 termina ma première période de gigottages ininterrompus par mon départ pour Rome, où je dus mettre mes jambes en retrait d'emploi, attendu que l'usage défend presque la danse dans cette ville. Il n'en est pas question dans les réunions, où on ne réclame des invités que des talents de société tels que le chant, le piano, ou instrument quelconque, la déclamation, l'improvisation. Ceux qui ne sont pas doués de ces talents, s'en tirent avec toute sorte de trucs : imitation de cris d'animaux, chants d'oiseaux, prestidigitation ; j'ai même vu un grimacier surprenant qui avait un succès énorme de fou rire, ainsi qu'un ventriloque.

Retourné à Monaco après trois ans, je redécrochai mes jambes qui me fournirent une série d'années d'entrechats qui dura jusqu'au moment où l'invasion croissante de nouveaux étrangers dans le pays finit par noyer dans son nombre la population autochtone, et étouffa jusqu'à un certain point l'amour de la danse. D'ailleurs la nouvelle éducation ne favorise guère ce goût. Est-ce par l'allure par trop légère, et je dirai presque indécente, de ces entournants qui sont devenus choquants pour beaucoup, et qui n'existaient généralement pas de mon temps. Jamais on n'aurait eu la hardiesse de danser le Tango dans une société quelconque. Autre temps autres mœurs. Tenons-nous les bonnes ? J'en doute.

Après mon installation à Menton en 1865, à cause de mes nouvelles occupations il y eut un arrêt, qui ne fut pas de longue durée, pendant lequel les bals du nouveau Casino de Monte-Carlo entretenaient l'élasticité de mes jambes, excitées par l'entraînante musique de danse de l'orchestre, et le nombre de vraies danseuses.

Après peu d'années, vu l'importance croissante de la maison, et du nombre des joueurs, l'administration les supprima et les remplaça par des concerts de musique classique. Adieu les bals si chers aux Monégasques, adieu Monaco qui chasse et déchasse comme il faut. Il ne me restait plus que Menton. La société Mentonnaise invitait les hivernants étrangers aux fêtes données au cercle Philarmonique, que je connaissais depuis longtemps, et je fus accepté membre dès mon arrivée. Ces nouveaux venus, se virent obligés de rendre la politesse ; ainsi se créèrent et eurent lieu pendant plusieurs hivers, de splendides fêtes, qui furent très suivies par toutes les colonies. Parmi les plus belles, furent celles données par les familles Sabatier, Récipon, etc. Les bals masqués du carnaval, devinrent d'une année à l'autre plus beaux et plus riches. Aux dernières fêtes on dépensa en costumes des sommes folles, les plus simples comme les plus compliqués venaient de Londres ou de Paris. Ce luxe exagéré devait arrêter insensiblement cette cause de dépenses chez les familles à fortune modeste. L'invasion Allemande porta le dernier coup en écartant du pays une grande partie de la riche et distinguée colonie Anglaise. Cette foule tudesque peu sociable et surtout peu dépensière envahit tout le littoral, qui ne chercha plus ses bénéfices que dans le nombre, et non dans la qualité.

L'habitude de ces réunions dansantes fut forcément atteinte, l'âge s'ajoutant mes jambes se calmèrent, et depuis bien des années, elles ne me servent qu'à me transporter, faiblement il est vrai, d'un point à un autre. Il ne me reste que le souvenir de leurs ébats, dont je fus un peu le complice.

Saint-Pierre Basani

La famine ne peut que modifier et soumettre
le goût et le palais des gens à de dures épreuves ;
et le légume le plus dédaigné devient succulent et
délicieux, quand on a un jeune appétit, le
ventre vide, et qu'on ne peut s'offrir que celui-là.
C'est-à-dire qu'à défaut de grives, on se rabat
sur les merles.

Pendant les guerres du premier Empire, les
Anglais établirent un blocus très sévère sur toute
la côte Française de la Méditerranée. Le pays
était tributaire du centre et de l'étranger pour le

blé, et beaucoup de denrées, surtout les coloniales. Aucune route n'existant, les communications étaient seulement maritimes. Par l'effet du blocus, elles furent interrompues, et notre région la plus déshéritée, dite aujourd'hui la Côte d'Azur, devint la côte de la famine. Notre littoral si beau, et si pittoresque de Nice à Menton, produisait très peu de céréales. Nos montagnes si accidentées, ne présentant pas de grandes surfaces pour la culture, et manquant d'arrosage facile, ne pouvaient produire que de pauvres moyens d'existence. Pour y remédier on en était réduit à toutes sortes d'acrobaties culinaires ; ainsi le café était remplacé par de l'eau de fèves torréfiées ; le blé très rare, ne pouvait nous arriver, avec de grandes difficultés, que du Piémont, ainsi que les haricots. Les féveroles, (1) triste et mauvais légume à la forte odeur, très petit et la plupart du temps habité par deux ou trois termites qui en devoraient l'intérieur, s'appelaient en dialecte Corcosoi. Peu à peu l'habitude fit son œuvre, on se plia à ce piètre menu, en le relevant avec toutes sortes de bouquets. La soupe fut ainsi constituée : avec du poisson on obtint un fricot ; et les enfants qui vinrent au monde à cette époque trouvèrent ces mets délicieux. La paix revenue, les communications rétablies, cet affreux légume disparut. Cette génération

---

(1) Les féveroles sont appelées « favaroti » en dialecte de Monaco, Bazaï en Génois — d'où Saint-Pierre Bazani.

en conserva le souvenir ; pendant de longues années, l'usage fut créé de manger une fois par an la soupe de féveroles, et pour donner plus de solennité à cette commémoration, toute la population participait à la fête. Le jour de Saint-Pierre, je ne sais pourquoi, fut choisi pour ce bizarre et frugal festin.

J'ai assisté à ces agapes, dans mon enfance, à Monaco jusqu'en 1849, et à Menton jusqu'en 1862. Dans les deux villes l'usage était pareil. Le jour consacré, on installait l'après-midi sur deux pierres, deux grandes marmites en cuivre, dans la rue Basse à Monaco, et à la Place du Cap à Menton. Toute la population devait participer aux frais et à la main d'œuvre. Les uns passaient maîtres chefs, d'autres fournisseurs de bois, les huppés apportaient l'huile etc. Vers les sept heures du soir les fameux Bazaïs étant cuits à point, la distribution commençait. Tous les participants arrivaient avec des récipients grands et petits, selon le nombre de membres de la famille, et assis sur des chaises, ou sur des marches d'escalier, ils devaient manger cette bizarre mixture dans la rue, en public. On ne peut s'imaginer la joie et la satisfaction de tout ce populo, en dégustant un mets si frugal. La soirée se terminait en chants et rondes. En 1848 la Princesse Caroline et la Duchesse Florestine, accompagnées d'un aide-de-camp, vinrent goûter à cette pitance légendaire. Elles furent reçues avec des ovations enthousiastes. Autres temps autres goûts, et autres mœurs.

La Procession du Vendredi-Saint à Monaco

La Principauté est devenue le pays des fêtes,
elles se succèdent, et varient à l'infini, pour la
grande joie des hivernants. Après tous les genres
de sports, après la fête historique et commémo-
rative, nous voilà, retournés à la mythologie. Peu
à peu les fêtes prendront une tournure légère-
ment païenne. Nous en sommes à celles du Printemps, il est question de celles d'Hercule ; à
quand celles de Vénus ?

Autrefois la plus importante de l'année était
la procession du Vendredi-Saint. Elle était créée
depuis plusieurs siècles. On la célébrait le soir

aux flambeaux. C'était la plus importante de la région. Aussi on venait de loin pour y assister. Tous les pays environnants, et même ceux qui sont à une assez grande distance, envoyaient leur contingent. Tout ce monde arrivait à pied, souvent après des marches de plusieurs jours. La foi faisait de ces miracles. Les scènes de la passion, étaient représentées par des Monégasques. Chacun avait son rôle à remplir, et les fils héritaient généralement de celui de leur père, même quand leurs conformations physiques, auraient dû les en empêcher. C'était le triomphe de l'anachronisme et de l'incohérence. L'ancien et le nouveau testament se mêlaient, Adam et Eve, Moïse, et des Saints ou Saintes qui n'avaient rien à faire dans cette représentation. Il fallait donner un rôle à chacun, la foi et l'ignorance faisaient tout accepter.

Les costumes étaient horripilants, et faisaient la joie des quelques érudits qui pouvaient se trouver dans la foule. Elle, voyait cela d'un autre œil, et était impressionnée. On raconte qu'un montagnard remonta dans son village, frappé par ce spectacle, et comme il avait des moyens, il organisa la même procession l'année suivante. Il prit le rôle du Christ portant la croix, mais il oublia de recommander aux hommes, de ne faire que le simulacre des coups qu'ils devaient lui porter. Des deux côtés les rôles furent remplis avec conviction, et le malheureux reçut de tels horions qu'il en mourut quelques jours après.

Je vois toujours le grand prêtre avec la toque d'un juge, toge et rabat. Le chef de la cohorte était en uniforme du temps de Charles X avec deux pistolets d'arçon à la ceinture. La Sainte Vierge était en robe de vieux brocart. Les soldats étaient coiffés de schakos du premier Empire, d'autres de casques Bavarois, de 1808, ou de turbans. Le centurion était à cheval. Sa soi-disant cuirasse était couverte de tous les bijoux des dames de la ville, cousus bien solidement, ainsi que les bagues qui ornaient ses mains, bien attachées, de peur qu'il ne les perde. Il avait la tête ornée d'énormes plumes d'autruche, étant le clou de la fête. Le rôle était toujours tenu par le plus beau garçon du pays. Aussi quel succès auprès des Dames ! Pilate était en juge, et se lavait les mains dans un plat en argent, tenu par un turc à turban, yatagan, et figure noircie. Celui qui devait souffleter le Christ à la colonne, avait la main droite gantée d'un gant d'escrime rien que pour faire le simulacre du soufflet. Et, chose étonnante, aucun des Christ, n'avait la figure consacrée par la tradition. C'était des vieux laids, ou de jeunes imberbes, des ivrognes, et généralement des gens impropres à remplir ce rôle. Deux seulement le firent avec conviction.

La dernière procession présentant ces caractères si peu en règle avec l'histoire et les convenances, eut lieu en 1863.

Le Casino commençait à prospérer. L'argent

abondait. L'administration voulut mettre ordre à cet état de chose, et obtenir, en faisant faire les costumes à ses frais, d'enlever tout le ridicule à cette cérémonie, produit de la routine, et de l'ignorance. En même temps Monseigneur Sola, évêque de Nice, demandait et exigeait la même mesure, sous peine de défense absolue, si on ne s'y soumettait pas.

Une commission fut nommée. Elle désigna M. Tamburini et moi comme organisateurs. La maison des jeux nous fournit les fonds, et ce fut Scalaberni, le directeur du théatre municipal de Nice, qui fut chargé de la confection des costumes, dont j'avais fourni les dessins. Tout marchait à souhait. Mais nous ne nous attendions pas aux ennuis que nous devions trouver plus tard. Quand nous dûmes parler de ces changements, à chacun des acteurs, nous eûmes un refus unanime et catégorique. Il fut impossible de les convaincre. Tous tenaient à leurs casques, à leurs pistolets, à leurs frusques, et en plus on nous menaça de boycottage. Que faire ? Le temps approchait. A Nice tout était prêt. On ne pouvait supprimer la fête qui était annoncée. L'administration passa outre, décida de la faire. Elle mit à notre disposition la masse d'ouvriers employés aux travaux et aux services du Casino, avec autorisation de choisir les types aptes à remplir chaque rôle. La chose devenait facile et intéressante. Ayant le choix, nous réussîmes mieux que nous n'avions espéré. Notre cortège débutait par quatre licteurs précédant le Proconsul. Nous avions choisi quatre Lombards gigantesques, à vraie barbe, la peau de lion sur la tête, avec leurs faisceaux ; ils étaient tellement imposants que la foule reculait à leurs approche. Le roi Hérode était splendide. Mais le plus réussi fut l'ancien Pilate Monégasque, le seul qui à notre grande satisfaction, avait bien voulu accepter la réforme, à la condition qu'il se laverait les mains. Le succès du père Thibaud fut grand. Il reçut les félicitations, de tous les étrangers présents. Il les méritait sous tous les rapports. Grand, fort, double menton, rasé et tondu avec un cou d'Empereur Romain, un masque impassible, toisant son monde, la couronne de lauriers sur la tête, avec cela de formidables bras et des jambes nues, ses pieds chaussés de cothurnes dorés, tout cela le rendait souverainement majestueux. Les autres rôles furent réussis, les Apôtres remarquables de tenue. Enfin nous fûmes félicités par la presse de Nice, et par une grande partie de l'assistance. En revanche nous nous attirâmes la haine de beaucoup de nos concitoyens, ce qui nous décida à ne plus faire partie de la commission. L'année suivante ils prirent leur revanche, en reparaissant avec leurs armes à feu, toques et gants d'escrime. La naïveté et la dévotion qui faisaient pardonner l'ancienne procession ayant complètement disparu, le scandale fut tel que l'Evêque de Nice la défendit définitivement.

II

TYPES D'AUTREFOIS

De Bonis

Que de types j'ai connus autrefois qui sortaient de la règle tyrannique de la mode, et vivaient selon leurs goûts ! Ils se moquaient crânement de l'appréciation des autres, qui d'ailleurs ne les gênaient en rien, et ne faisaient aucun cas de cette mentalité qui force l'égalité dans le costume et la manière d'être. Un des plus originaux parmi tous ceux que j'ai connus, est mon ami de Bonis. Toscan de Florence, savant érudit, artiste scénographe, mathématicien, poète, chimiste, numismate, photographe, il était surtout original au dernier degré.

Il habitait Rome depuis vingt-cinq ans, vivant en philosophe, toujours gai et satisfait, toujours prêt à répondre aux questions qu'on lui posait. C'était le Larousse, l'encyclopédie du café. Dans toutes les branches des connaissances humaines : art, littérature, sciences, histoire, etc., c'était lui qui indiquait la juste vérité. Il travaillait par boutades, donnait des leçons de perspective, faisait les fonds d'architecture pour les peintres d'histoire, et de la photographie à d'autres moments. Son départ de Florence, donne une idée de son originalité.

Il est d'usage, dans presque toutes les villes d'Italie, que les gens qui s'occupent de sciences, et les intellectuels, se réunissent de préférence dans les pharmacies. Les docteurs étant là, la conversation roule la plupart du temps sur des sujets scientifiques. C'est un milieu préférable au café, plus calme, plus intime, et surtout plus économique, mais d'où l'esprit et les gais propos, ne sont pas exclus. De Bonis a toujours fréquenté la même pharmacie. Il était devenu l'ami de la famille, et une partie de ses journées il les passait dans ce milieu où il avait sa place marquée. Son esprit faisait la joie du pharmacien et de sa petite fille qui l'adorait, parce qu'il avait toujours des histoires adaptées à son jeune âge. Les deux oubliaient ainsi son originalité. Quelquefois, s'il n'y avait personne avec qui causer,

il s'offrait un tranquille somme, comme il faisait
plus tard au café Félice à Rome où je fis sa
connaissance. C'est là qu'il me raconta son départ de Florence. Ayant projeté de quitter cette
ville, il n'en fit part à personne. Quand on ne vit
plus de Bonis à la place habituelle, qu'il occupait
depuis tant d'années, grand émoi dans la famille
du pharmacien, chez les amis, et surtout chez
la petite fille. On alla à son domicile ; personne
ne savait rien. A la police non plus. Les jour-
naux lancèrent des annonces pour trouver une
indication quelconque. Rien. Peu à peu on se
calma. Le temps ne le fit pas oublier, mais on
dut accepter le fait accompli.

Vingt-six ans après, il lui vint la fantaisie
de revoir sa ville natale. Il y arrive, et le soir
venu, guettant le moment où l'établissement est
désert de clients, et le pharmacien au laboratoire, il se précipite à son ancienne place. Les
bras croisés, son chapeau sur ses yeux, il fait
semblant de dormir. La première personne qui
arrive est la jeune fille devenue femme, qui jette
un cri d'étonnement et presque d'effroi : de
Bonis ! de Bonis ressuscité. Il était facile à reconnaître, il avait encore les mêmes vêtements. Le
deuxième départ fut la répétition du premier.

Quelque temps après, il arrive à Rome,
atterré, désillusionné, furieux contre les Vanda-
les qui avaient commencé à profaner et gâter
sa belle Florence, réclamant un nouveau Dante
pour anathématiser ceux qui avaient déjà souillé

la ville, et s'apprêtaient à anéantir tout ce qui la caractérisait, et lui conservait son cachet ancien et historique. Il n'y trouvait même plus l'amabilité, la politesse, ni l'esprit et l'éloquence naturelle des classes populaires du temps de l'ancien Grand Duché, qui faisaient regarder la population de la Toscane comme la plus policée, et la plus aimable de la terre. Il n'avait trouvé à la place qu'une canaille barbare. Il désirait la mort, plutôt que de voir sa patrie, réduite à un damier, comme les villes modernes. C'était l'appréciation d'un homme de goût, et d'un scénographe. Que dirait-il des changements exécutés à Rome, et de cette rage stupide de rendre toutes les villes égales par la régularité ? Elles deviennent monotones, et sans attraits. Qui oserait placer une scène historique dans un cadre formé de deux lignes d'édifices parallèles et complétement égaux, aboutissant à l'horizon ? Il est tout naturel que de Bonis qui créait des fonds de tableaux pour les peintres d'histoire, ne devait chercher que la beauté des lignes, et leur variété décorative.

Je lui demandai un jour s'il avait de la famille. Il sortit de sa quiétude, pour me dire qu'il avait forcément une mère, et peut-être une sœur, mais qu'il ne savait où elles étaient ni ce qu'elles faisaient. — Vous n'êtes donc pas en relations, vous êtes brouillés ? — Pas du tout, j'ai toujours beaucoup aimé et respecté ma mère. Mais dans notre famille, par une entente tacite et naturelle, chacun prend sa direction, et n'en rend aucun compte aux autres. — Alors vous ne savez si elles sont vivantes ou mortes ? — Non.

Quelques mois après, le jour de Noël, je vis de Bonis, sortant d'une auberge, tenant par la main comme pour un avant quatre, une caricature impossible à décrire. Qu'on se représente une vieille édentée, avec un chapeau cabriolet de 1815, du milieu duquel émergeait un menton à galoche fraternisant avec un nez pointu à forte base de tabac, des yeux très vifs, une jupe courte, un châle jaune, et des souliers à esclavage. Leurs figures enluminées par les vins des Castelli, en l'honneur du divin Bambino, leur donnaient l'allure d'un couple qui va esquisser un pas épatant. Je ne pus m'empêcher d'accoster ces deux êtres heureux, et de les féliciter. De Bonis me présenta à sa mère, qui m'exprima très éloquemment toute sa joie d'avoir en parcourant le monde retrouvé son cher Adriano dont elle n'avait jamais eu des nouvelles, et cela la veille de Noël ! ! Je leur souhaitai une journée de joie, puis les laissai à leur enthousiasme et à leurs expansions. Le lendemain il me raconta qu'il avait trouvé sa mère, via dei due Maceli, et qu'il lui avait fait promettre de passer la Noël ensemble. Mais d'où vient-elle ? Elle habite la Russie depuis de longues années, elle est dame de compagnie d'une vieille Princesse, elles sont arrivées ces jours-ci à Rome, et elles habitent Via del Babouino. Quinze jours après, je lui demandai des nouvelles de sa mère. Je ne sais rien d'elle ; il est probable qu'elle est partie !... Toujours le même procédé !

Arrivons au physique de De Bonis, à sa manière de vivre et de se vêtir. L'originalité sortait alors de l'ordinaire, et dépassait tout ce qu'on peut imaginer. Pas d'âge, on ne pouvait le trouver dans sa figure, ni dans son corps grêle et un peu voûté. 35, 45, 55 ans ? On était indécis. Barbe et cheveux très noirs, très longs ou très courts, selon l'époque de l'année, attendu qu'il faisait tondre le tout, à un demi-centimètre près, une fois l'an au printemps. Le reste de l'année, tout poussait inculte et libre. La figure se transformait donc selon la saison. Ses traits étaient presque beaux, sans cette forêt ou ce désert qui les encadraient. Quand il était tondu, il y avait chez lui quelque chose des types des vases Etrusques. L'expression était toujours très calme, et presque souriante, comme quelqu'un qui n'a que des idées joyeuses. L'ensemble donnait l'impression d'un maladif. Il avait un peu d'asthme, et les poches pleines de rhubarbe qu'il grignotait continuellement. Il vivait d'œufs frais, qu'il écrasait souvent dans ses nombreuses poches. Je n'ai jamais connu ses goûts culinaires ; il n'y mettait d'ailleurs aucune importance.

Quand il prenait un nouveau logement, il ne réclamait qu'un lit, une chaise et une table. Comme lingerie, le plus mauvais drap de lit qu'on puisse lui fournir, même troué, et avec cela recommandation de ne jamais pénétrer chez lui, sous peine de départ immédiat. Il n'avait aucun besoin de drap, attendu qu'il ne se déshabillait jamais. Au commencement des chaleurs, il enlevait peu à peu ses vêtements, pour les remettre aux premiers froids. Sa circonférence augmentait à mesure que la température se refroidissait. On l'aurait alors pris pour un portemanteau sur lequel on aurait entassé une masse de vieilles loques. Il retenait le tout de ses deux mains pressées sur son ventre, attendu que la plupart des boutons manquaient. Quelquefois la boutonnière la plus haute d'un gilet, servait au bouton le plus bas d'une veste. Le tout produisait l'effet d'une boule de chiffons, surmontée d'un grand chapeau couvrant une chevelure inculte, sur des jambes grêles à pantalons étriqués, très courts et très frangés, terminées par des pieds à peine enfermés dans des petits souliers découverts et éculés.

Il est évident que, de toute cette agglomération de frusques, il devait se dégager des parfums spéciaux. Aussi avait-il sa place au café ; elle n'était rien qu'à lui, ainsi qu'une zone autour qui forçait ceux qui voulaient feuilleter cette encyclopédie, à se tenir à une distance respectueuse. Le maître du café ne l'aurait pas toléré, (car comme client, il ne consommait qu'une tasse de café, soit quatre baïochs par jours), mais il attirait du monde. Quand on le poussait à raconter, tous s'approchaient à la distance convenue, et subissaient le charme de sa parole, qui étonnait ces artistes de toutes nationalités. Une seule question quand il était bien disposé lui fournissait la matière à de longues dissertations. L'enthousiasme le prenait, il se grisait lui-même, et devenait beau, et même respectable, au point qu'on oubliait ses hardes. Les auteurs Grecs, Latins, y passaient ainsi que les littérateurs des époques suivantes et les modernes. Les faits historiques, les sciences, l'archéologie, les arts, les sujets tristes ou gais, tout lui était bon à montrer son immense érudition ; et cela sans pose, sans emphase, sans recherche, tout naturellement. Que de conférenciers seraient dans l'embarras, si on les questionnait sur des sujets aussi variés, et surtout s'il leur fallait citer les textes sans aucun document ! Et quelle éloquence dans son Italien Toscan ! quelle distinction ! jamais rien de vulgaire.

On pourrait écrire un gros volume sur ce brave de Bonis. J'ai eu deux fois l'occasion d'assister à certains gestes de sa part qui dépassaient les limites de la vraie liberté. En passant un soir Via del Tritone, je vis un rassemblement de populo et de police. Je m'approchai du groupe. Des débris d'un vase spécial étaient à terre ; une certaine odeur indiquait assez la nature de la matière qu'il contenait ; on regardait de quelle fenêtre on avait laissé choir le tout. Il était question d'appliquer une forte amende. L'idée me vint que de Bonis logeait au quatrième de cette

maison. Je filai immédiatement. Le soir au café,
je lui demandai s'il savait qui avait jeté son récipient à ordures dans la rue del Tritone. Il rit.
C'est moi, et il m'en a coûté deux beaux écus,
mais ça m'est égal. Je n'ai pas eu de chance. J'ai
l'habitude quand la coupe est pleine, d'en jeter
le contenu, mais la nuit quand la rue est déserte.
Hier j'étais presque endormi, je ne savais
l'heure qu'il était, j'ai fait le geste ordinaire. Par
malheur, la poignée seule m'est restée dans la
main ! J'ai donc failli assommer quelqu'un.

La seconde fois, (il avait changé de logement)
foule encore sous sa fenêtre. Le matelas, la
chaise et la table étaient déjà dans la rue ;
d'autres objets suivaient. En m'approchant j'entendis des cris comme ceux d'une femme qui
aurait des attaques de nerfs. Je m'informe, on
me répond « è il fotografo ». Je monte et je
trouve mon pauvre ami, pris d'une crise épou--
vantable, se roulant sur sa paillasse, écumant,
au milieu de débris de toutes sortes. Je crois que
c'est une crise d'épilepsie, je lui tape sur la pau-
me des mains, rien n'y fait. Je demande par la
fenêtre qu'on m'apporte de l'eau. Tant pis ! je
l'asperge et lui trempe les mains. Enfin il revient
peu à peu. Je lui demande ce qui lui était arrivé.
Une chose bien minime, il avait brisé une fiole
renfermant un liquide très précieux pour lui !
Et il m'explique que toutes les fois qu'il faisait
des maladresses semblables, il avait une crise
qui le poussait à tout jeter par la fenêtre.

Pendant les trois ans que je l'ai fréquenté, il m'a souvent dit, que son rêve était de s'enfermer dans un couvent. « Là je ne verrai plus personne, je vivrai avec mes pensées, dans le silence de la cellule, et je serai heureux ». — « Vous voulez entrer dans les ordres ? je ne vous ai jamais connu cette vocation ». — « Ah ! non je m'explique, je désire vivre dans une cellule, mais sans aucune obligation aux prières et à la discipline. Qu'on me donne à manger, c'est tout ce que je demande. C'est l'isolement le plus complet qu'il me faut. »

Il fit pas mal de démarches pour arriver au but de ses rêves. Mais, soit à cause de son originalité, soit à cause de sa saleté, aucun couvent, aucun ordre ne voulut l'abriter. Son entrée au cloître semblait châteaux en Espagne. D'ailleurs ce pays l'attirait, il connaissait tous les auteurs Espagnols, et cette patrie des Gitanos le charmait.

Mon séjour arrivant à sa fin, je partis à mon grand regret. Le souvenir de cet être bizarre ne s'effaça plus de ma mémoire. Six ans après, une lettre m'arrive de Rome, je l'ouvre. A ma grande surprise elle était de De Bonis. Il s'adressait à moi, me priant de lui trouver une place quelconque dans une famille, une institution. « Vous connaissez mes faibles moyens, je puis enseigner les petits enfants ! » Comme c'était bien lui ! Je lui répondis immédiatement : « Ce n'est pas le pays pour vous ; vous êtes d'une autre époque.

Chez nous l'habit fait généralement le moine. Notre liberté, et **notre égalité**, nous ont placés sous le même niveau, nous sommes obligés à être tous pareils. Nul ne peut faire ce qui lui plaît, ce qui n'est pas dans l'ordre général. Ceux qui dérogent à ces règles attentent à l'ordre public et sont punis par les lois. Arrivé ici, vous ne feriez point dix pas dans la gare, qu'on vous emmènerait à la police. Faites le saut si vous voulez. Je me mets à votre service bien volontiers, mais à une condition : c'est que vous changiez d'idées et de peau ».

Je me suis fait un ennemi ; mais, qui à ma place aurait agi autrement ?

Dix ans plus tard, à peine arrivé à Rome, je me mis à la recherche des amis. Hors deux ou trois, tous disparus ou morts. Je demandai et de Bonis ? Il était en vie, mais dans un couvent, on ne le voyait plus. Il avait réussi à trouver une cellule dans un monastère Espagnol. La propreté n'est pas la spécialité des moines de cette nation, et leur nez obstrué par le tabac, les défend contre les mauvaises odeurs !

Domenico Comparetti

Le plus remarquable de mes amis de jeunesse, celui dont la liaison assez intime me donne une certaine fierté, le plus élevé non par sa fortune ou sa noblesse, mais par sa valeur intellectuelle, sa modestie, et les belles qualités qui complétent une célébrité, ce fut Domenico Comparetti.

J'ai connu Comparetti, comme on fait connaissance d'un individu quelconque qui se trouve à côté de vous au café, et avec lequel vous liez conversation à propos d'un rien. Il parlait un français très pur. Après que le sujet qui était cause de ce premier entretien fut épuisé, il me demanda, me voyant étranger, « si je me plaisais à Rome depuis combien de temps j'y étais, et d'où j'étais ». De Monaco, lui dis-je, Monaco en Français, donc de la Principauté du même nom, en Piémont *(Munich en Italien se prononce Monaco di Baviera)*. Ah ! vous êtes près de la Provence, le pays au beau langage, aux beaux poètes! Et voilà mon type qui me cite, me déclame des vers provençaux, et me parle des poètes antérieurs à Mistral, à Aicard, et même des noms qui m'étaient inconnus, des contemporains de Pétrarque ! Vous avez dans votre dialecte Monégasque quelques mots provençaux qui ont passé la frontière, le reste est du Gênois abâtardi. J'étais ahuri, d'où diable sortait ce type là ! Son français sans accent, me déconcertait. Je lui demandai enfin s'il était Français ? — Non, je suis Romain, né à Rome, que je n'ai jamais quittée, ce dont je suis vraiment honteux, et il souligna le mot par un geste vers sa poche. D'ailleurs voici ma carte. Dominique Comparetti, élève Pharmacien, place Saint-Augustin. Nouvel ahurissement chez moi. Alors comment connaissez-vous à fond le provençal ? Je m'occupe souvent de l'étude des langues, cela me repose de la confection des pillules.

Il avait vingt-quatre ans, j'en avais vingt-et-un, quand nous nous rencontrâmes. Au physique, ni beau ni laid, il avait l'air très ouvert, et intelligent ; il était brun, avec un grand nez, de petites moustaches, de petites mains, de petits pieds, une voix de basse-taille. Quand il cessait de parler, sa physionomie changeait, et il avait un aspect dur qui rendait son abord, peut sympathique. Sa tenue irréprochable, toujours en noir, avec chapeau haute-forme, le faisait prendre pour un professeur de quarante-cinq ans. Enfin l'air de quelqu'un. Derrière ce masque de froideur et d'impassibilité, se cachait une bonhomie et une gaieté, qui désarmait le mal impressionné. Sa société avait un charme inouï, qui attachait à lui. Si je n'avais été renseigné par ceux qui connaissaient sa vie et ses mérites, j'aurais toujours cru avoir affaire à un pharmacien aimable et érudit. Jamais il n'aurait été question dans nos longues soirées de gaieté, de son énorme science, et de son jeune passé déjà bien rempli. Mais prévenu, je le mis dans la voie de certains avéux. On s'apercevait bien vite qu'il lui répugnait d'entrer dans ces matières, il changeait de conversation. Il est vrai qu'avec moi, il n'avait rien à acquérir, il descendait à mon niveau.

Son bagage scientifique était immense. A vingt ans il avait été reçu docteur. En plus des langues mères, Sanscrit, Hébreux, Grec et Latin, il connaissait, écrivait toutes les langues vivantes et les dialectes. Le Breton, le Basque, le Flamand, le Provençal, etc. Il connaissait les écrivains de toutes ces langues, et dialectes. Une quantité de ses écrits latins, l'on fait appeler le Tacite moderne. Il a dépassé le fameux Cardinal Mezofanti, qui était le plus grand Polyglotte de l'époque, en ce qu'il écrivait dans toutes les langues qu'il parlait, tandis que chez l'Eminence, ce n'était que le résultat d'une immense mémoire, et aussi de l'oreille. C'était donc comme qui dirait, hors le respect qui est dû, à la pourpre, un perroquet. Comparetti fut nommé professeur à l'Université de Pise, à la chaire des langues Orientales. On lui avait déjà proposé la même à Rome, à l'Université de Leipsick, et à celle d'Oxford. Pour la première, il devait rentrer dans les Ordres, et pour les deux autres, il devait se convertir au Protestantisme. Il m'avoua qu'il se sentait incapable de faire un prêtre exemplaire, et qu'il n'aurait été qu'un très mauvais protestant. Sa nomination à Pise lui valut pas mal d'ennuis à Rome. Il avait déjà été question de ce poste pour lui, appuyé qu'il était par le duc de Sermonetta qui l'avait en grand estime. Mais l'affaire était restée là. Le Cardinal Antonelli, et Monseigneur Mateuci, ministre de l'instruction publique à cette époque, avaient toujours rêvé de le retenir à Rome, espérant qu'il finirait par accepter leurs offres. En apprenant sa nomination, ils employèrent toutes sortes de moyens pour l'empêcher de se rendre à son poste : Menace d'exil, nomination retenue à la poste. Ce fut par l'entremise du duc de Gramont, ambassadeur de France, représentant le Gouvernement Italien, qu'il fut mis au courant de la nouvelle. J'étais dans sa phar-

macie quand deux gendarmes français, vinrent
le prier de se rendre à l'ambassade, pour une
communication le concernant. Il partit quelques
jours après en voiture avec ces mêmes gendarmes, qui l'escortèrent jusqu'à la frontière Toscane. Son premier voyage hors de sa chère Rome,
ne manquait pas d'originalité. Le Gouvernement
Pontifical, ne pouvant empêcher ce départ, lui
appliqua la peine de l'exil. Je suis forcé de rappeler ce qui se passa la veille au café Félice.
Comparetti ne se doutait de rien. Il était près de
moi, causant avec deux Polonais, évidemment
dans leur langue, et sur la littérature Polonaise.
N'y comprenant rien, je lisais le Monitore Tos-
cano. Je trouvai bientôt quelque chose qui me fit
faire un sursaut. Le titre était : nomination à
l'Université de Pise. Domenico Comparetti professeur à la chaire des langues Orientales. Ah !
m'écriai-je ! c'est le cas où jamais de boire une
bouteille de vin des Castelli. Et aux Polonais,
Messieurs, je vous présente M. le Professeur. Je
ne vois pas, dit-il, d'un mauvais œil, qu'on boive
une bouteille. Quant à la nouvelle, elle ne me con-
cerne en rien, primo, parce qu'on ne nomme pas
un Monsieur à un emploi quelconque, sans le
prévenir à l'avance, secondo, parce qu'un homo-
nyme ne m'étonne pas. Les Comparetti sont ar-
mée en Toscane. Le prénom seul serait drôle.
Nous rîmes beaucoup de cette histoire, et pour en
rire encore, le lendemain matin j'allai à la phar-

macie, avec l'intention de lui monter une scie.
Mais la maréchaussée vint me la couper.

Depuis cette époque je n'entendis plus parler
de lui qu'à des intervalles très espacés. Une fois
par un Philologue Anglais, plus tard par un
savant Allemand. Il est évident que s'il avait
écrit des romans, même les plus vulgaires et
dans le goût d'un certain public, il aurait été
connu en Italie et même ailleurs. Ne s'occupant
que de Philologie, et des littératures Grecque-
Latine etc., et surtout n'écrivant une grande partie de ses écrits qu'en latin, il ne pouvait être
apprécié que par des savants et des érudits. J'ai
trouvé une courte biographie dans Larousse et
c'est tout. De nombreuses années passèrent. Me
trouvant à Florence en visite chez mon cousin
Giorgetti, je causai de Comparetti. Je manifes-
tai mon intention de savoir ce qu'il était devenu,
et s'il vivait encore, et de connaître quelque
chose de sa carrière. Giorgetti qui a habité longtemps l'étranger, ne pouvait me renseigner. Mais
très débrouillard, il eut l'idée de s'adresser à
l'Institut des études supérieures de Florence.
Nous nous y rendîmes le lendemain. Mon élo-
quent cousin se chargea de présenter la question.
S'adressant à un vénérable vieillard à longue
barbe blanche, il lui dit qu'ayant connu à vingt-
et-un ans le Professeur, quand il était encore à
Rome, je serais heureux d'en avoir des nouvelles.
Celui-ci se leva d'un bond et l'air étonné. Comment, notre grand Comparetti ! Et allongeant le

bras, il saisit une brochure, qu'il nous tendit. Voilà qui vous renseignera sur son œuvre, ses titres et sa vie, et si vous tenez à le voir, allez le matin avant onze heures chez lui, Via Lamarmora N°. Vous le trouverez sûrement, à moins qu'il ne soit parti. Depuis trois jours on ne l'a pas vu à l'Institut. C'est l'époque de son départ annuel pour Leipsick, où il passe tous les étés. Enfin, essayez; je vous souhaite d'arriver à temps. Nous y allâmes ce n'était pas loin. Désillusion, il n'y avait que deux vieilles domestiques, qui couvraient les meubles de housses pour les préserver de la poussière de l'été. Mais j'avais la brochure, c'était déjà quelque chose. Nous rentrâmes pour faire part de notre insuccès à ma cousine Augusta qui s'intéressait beaucoup à notre démarche, et nous prîmes notre revanche en lisant la Biographie très laconique, mais qui en disait assez, pour donner une idée du personnage.

Domenico Comparetti, célèbre Phylologue, helléniste, sénateur du Royaume, décoré d'une quantité d'Ordres étrangers et nationaux, membre correspondant des principales Académies de l'Univers, Professeur à l'Institut des études supérieures de Florence, sociétaire de l'Académie des Lincéi, etc. Nous étions ainsi fixés sur la valeur et la haute position de Comparetti.

Giorgetti et sa femme Augusta, me promirent qu'ils feraient tous leurs efforts pour entrer en relation avec lui, et me rappeler ainsi à son souvenir.

Le 10 Novembre 1914 je reçus une lettre de mon cousin. Il triomphait. Il avait pu approcher le grand homme par une stratégie amusante. Il l'avait vu à une solennité, il comptait sur son imagination, son toupet et son éloquence de Toscan. L'ayant rencontré dans la rue, il le fila, jusqu'à ce qu'il le vît entrer dans une pâtisserie et s'installer à une table pour déguster un vermouth et manger des gâteaux. Il pénétra à son tour, et trouva le moyen d'entrer en conversation avec ce personnage, qui comme autrefois, en imposait encore. Après un respectueux boniment il arriva à me nommer, et se présenta comme mon cousin par sa femme. Comparetti posa son verre qu'il tenait à la main, et s'exclama : « Philibert, et comment va-t-il ? que fait-il ? est-il marié ? qui a-t-il épousé ? Où est-il ? Pourquoi ne vient-il pas en Italie ? Viendra-t-il bientôt ? Il doit avoir mon âge. Quand je suis parti de Rome, j'avais vingt-quatre ans. Il était imberbe, blanc et rose comme une jeune fille. Bon camarade, sûr, nous nous voyions souvent. Dessine-t-il ? Peint-il ? Sculpte-t-il ? Comment emploie-t-il son temps ? Moi, je travaille toujours. J'ai atteint il y a quelques jours, quatre-vingts ans. Comme Giorgetti lui demandait, sa biographie, il répondit : « A trente ans, on me la demandait déjà, mais qu'on me laisse encore faire quelque chose, j'ai quelques idées. Bonnes ou mauvaises, elles doivent voir le jour. Dans ce moment, mes fils, réunissent, étudient, choisissent, cataloguent ma correspondance de 55 ans. Si vous voulez être renseigné, consultez le Dictionnaire Bibliographique de Gubernatis, celui de Brockhause, et autres grands dictionnaires d'Europe. Puis un silence, et comme oubliant qu'il était là, et comme s'il se parlait à lui-même, la tête baissée. « Oh ! âme candide de mon tant pleuré collègue Brésilien Elias Lobo ! Je me souviens quand dans une explosion de confiance, tu me disais : la modestie a toujours été ta plus grande ennemie. Tous mes biographes ont dit de même ! » Il faut attendre la publication de mon épistolaire, dans lequel se reflètera mon existence entière. Mais ce ne sera qu'après ma mort qu'on le lira.

Quand vous écrirez à Florence, saluez-le de ma part, et dites-lui que peut-être un jour, sans le prévenir, j'irai le trouver, surtout maintenant que mes voyages en Allemagne ont cessé, mais, à la condition que ma santé me le permette.

Avec ce que je sais maintenant, je vois que la simplicité et la modestie que j'avais reconnues chez lui dans sa jeunesse, il les a conservées jusqu'à son âge avancé. Si ces qualités étaient ses ennemies, et lui ont fait tort dans sa belle carrière, que n'aurait-il pas fait sans elles ?

Il me revient à la mémoire quelques faits qui prouvent sa grande facilité à parler et à prononcer les dialectes les moins connus, les plus difficiles, et qui n'ont presque pas de rapport avec les langues mères. Je lui fis faire la connaissance d'un Basque, sergent-major des chasseurs de

Vincennes. Celui-ci fut étonné d'entendre un étranger à sa Province, parler un dialecte si difficile que le Basque, n'ayant on peut dire aucune parenté avec d'autres langues. Il en fut de même avec un Artiste peintre Flamand, et un sergent Breton. Il arriva en ce temps à Rome un pèlerinage de Barcelone et de Tarragone. Me trouvant dans sa Pharmacie, deux prêtres entrèrent, coiffés de la longue gouttière de Don Basile, le nez obstrué par le tabac, plus sales et crasseux que propres. Ils s'adressèrent à moi. Je leur fis signe d'aller au comptoir. Comparetti les avait vus, il préparait son larynx. Il les accueillit avec un Catalan guttural, qui leur fit venir les larmes aux yeux. Les deux gouttières s'agitaient avec une telle violence, qu'elles me faisaient craindre pour les bouteilles, flacons et fioles, qui encombraient le comptoir. Comparetti se défendait. Ils voulaient absolument embrasser le compatriote qu'ils venaient de découvrir. Ils ne voulaient pas admettre qu'il fût né à l'étage au-dessus de la Pharmacie ; il trichait, ou il y avait une cause qui l'empêchait de dire qu'il était natif de Tarragone. Ces mots qui avaient l'air d'un soupçon, forcèrent Comparetti à y aller de sa basse-taille. Le trio devint assourdissant on ne pouvait le comparer qu'à une querelle de crapauds. Mon ami se décida à monter chez lui chercher les preuves de sa vraie nationalité. Les deux gouttières enfin convaincues se confondirent en excuses et félicitations. Nous rîmes longtemps en nous rappelant cette scène comique.

Pendant nos promenades nocturnes, il m'a peu à peu récité tout Rabelais. Si j'avais été Allemand, Espagnol ou Anglais, il m'aurait offert du Gœthe, du Cervantés ou du Shakespeare. Avec les Grecs, il était à son affaire, il les ahurissait, leur citait leurs Philosophes, leurs poètes, même ceux dont ils n'avaient jamais entendu parler. Il en a découvert un nouveau dans les papyrus d'Herculanum : Hypéride, inconnu de tous les savants. Il connaissait les œuvres de tous les écrivains du grand siècle. Le plus moderne Béranger le rendait joyeux. Il savait par cœur toutes ses chansons, et il leur adaptait des airs à sa façon. Il répétait l'air à chaque couplet, comme de la musique écrite. Je me souviens encore de quelques uns, qui étaient bien dans le caractère des chansons Françaises de cette époque. Quand il était dans notre société, où il n'y avait aucune pose ni gêne, et que la nuit avançait, il sortait de sa tenue irréprochable et il en arrivait à nous offrir un entre-chat. Mais avant il campait son haut de forme sur une oreille, ou sur son occiput de manière à rendre son nez encore plus saillant. Il arrivait ainsi à être d'un comique qu'on ne peut imaginer. Rien que ce léger changement transformait son allure grave et compassée. Quelquefois il improvisait des scènes populaires du Transtévère, des querelles de femmes du bas peuple, avec un naturel inouï. Tous ces souvenirs me ramènent à ce temps de ma jeunesse heureuse. Ils me rajeunissent, et j'aimerais bien revoir Comparetti pour les lui rappeler. Mais l'heure est bien avancée. Qui des deux s'ébranlera le premier, lui, ou moi ? A notre âge, on risque fort de faire des projets à l'avance. La vieille et éternelle Parque nous guette, et nous menace à chaque minute de ses ciseaux, toujours prêts. Ne nous montrons pas trop, nous pourrions attirer son attention.

Vachieri

Sur la rivièra de Gênes, à l'est de San Remo se trouve à trois kilomètres de la mer, la petite ville de Taggia, adossée aux flancs d'une colline dominant la fertile vallée qui porte son nom. C'est un charmant séjour par les montagnes boisées qui l'entourent, l'abondance des fruits, le parfum des fleurs, et surtout, l'intérêt historique de ses nombreux couvents, et des palais des anciennes familles Gênoises qui venaient passer l'été dans ces fraîches régions. Le cachet laissé par ces splendeurs passées existait encore il y a quelques années. Il tend à disparaître, effacé par le badigcon moderne et égalitaire. Je me souviens de belles façades de maisons décorées de sujets Mythologiques dans le grand style du seizième siècle, et des portes de palais sculptées de l'époque de la renaissance ainsi que des riches églises, très nombreuses pour une si petite ville. Par ces précédents artistiques Taggia était un centre intellectuel et savant. La population ayant subi cette heureuse influence, on n'est pas étonné qu'elle ait fourni tant de prélats, de généraux, d'Ordres, d'écrivains, d'artistes et d'orateurs. En général les Taggiaschi que j'ai connus, sortaient de l'ordinaire par un côté spécial à chacun. Celui dont je vais raconter les excentricités en donnera un exemple.

J'ai connu Vachieri en 1854, il était mon aîné de trois ans. Il avait avec sa famille quitté Taggia pour s'installer à Nice. Ils n'étaient pas riches, mais tous étaient très intelligents et à imagination exaltée. Le fils aîné était depuis longtemps chez les Jésuites à Turin. Il se mit à la tête d'un schisme, devint ministre protestant, se maria, et finit photographe. Mon ami avait dixhuit ans, quand je fis sa connaissance. Il était déjà fort peintre à la fresque. Il avait d'ailleurs plusieurs cordes à son arc, étant le meilleur graveur bijoutier de Nice à cette époque. Quand il y avait une œuvre difficile à exécuter, c'était à lui qu'on s'adressait. Il ne travaillait que pour acquérir une somme qui lui permette de s'occuper de ce qui l'intéressait le plus. Car avec sa facilité et son imagination, il s'attaquait à tout. C'était la musique qui l'emportait. Il jouait très bien de la flûte, de la guitare, qu'il quittait pour la chimie, la physique ou la poésie. Il commentait le Dante ; il était poète improvisateur, depuis qu'il avait assisté à une séance donnée par le fameux Régaldi, le plus fort des improvisateurs connus, celui qui forçait l'admiration de Lamartine dont il était grand ami.

Vachieri était de taille moyenne, brun, cheveux très noirs et frisés, des yeux très beaux et très doux, de petites moustaches retroussées qui corrigeaient des traits pas très purs. L'ensemble était sympathique, la physionomie toujours heureuse et satisfaite celle d'un homme amoureux platonique de toutes les jeunes filles qu'il voyait. Les sonnets se succédaient à chaque rencontre, cela le rendait forcément très coquet.

C'était l'époque des sérénades. Le soir devant les Hôtels et les villas, de jeunes amateurs se succédaient en groupes de chanteurs, d'instrumentistes. Les familles étrangères étaient habituées à cet usage Italien. Partout où il y avait une demoiselle jolie, on était sûr de voir défiler tous ces groupes, jusqu'à très tard dans la nuit. La flûte de Vachieri faisait merveille, et les applaudissements étaient la seule récompense, et la plus enviée.

L'été revenu, les sérénades finies, les économies épuisées, il disparaissait, et se remettait au

travail. En le rencontrant, les indiscrets et les cu-
rieux pouvaient lui demander, quel est ton mé-
tier, ou ton occupation actuelle ?

Il avait élu domicile dans une mansarde au-
dessus de l'habitation de ses parents. Il dépassait ainsi les toitures des maisons du vieux Nice,
et avait la vue du Château qui domine la ville.
C'est là que devant les étoiles, il composait ses
poésies, et ses sonnets aux planètes terrestres
qui lui faisaient tourner la tête. C'est là qu'il
commentait la divine Comédie, et qu'il faisait
vibrer les tuiles des toitures par les sons amoureux de sa flûte. C'était aussi son laboratoire de
chimie, de travaux de bijouterie, de peinture, et
de tout ce que son imagination féconde lui permettait d'entreprendre. Un soir il m'entraîna
dans ce qu'il appelait son antre. Après une dure
ascension, on pénètre. Il s'écrie j'ai oublié d'ache-
ter une bougie, mais c'est égal, tu vas voir. En un
moment l'antre fut éclairé par trois becs de gaz.
Il avait fabriqué de petits appareils comme des
jouets. Nous admirions les résultats de son travail, d'autant plus que cet éclairage n'existant
pas encore à Nice, c'était la première fois que je
voyais du gaz.

Il partit sans prévenir personne. Je le perds de
vue durant quelques années. En 1858, il reparaît
pimpant et joyeux, il me montre un album rempli
de dessins d'après nature, des environs de Paris,
des fragments d'architecture, des machines, des
croquis de bijoux, et une foule de documents très

bien dessinés qui faisaient juger de son goût par le choix des sujets. Je lui demandai combien de temps il avait habité cette ville. C'était bien simple. Depuis longtemps il rêvait de voir Paris il y était allé, et avait déniché une place de première flûte dans un régiment d'infanterie. Son engagement terminé, il revenait revoir sa chère Nice.

Bientôt après, nouvelle disparition. En 1860 je flânais sur le Corso à Rome, une voiture passe. Elle s'arrête un moment pour suivre la file. Vachieri s'y prélassait admirant les palais qui bordent les deux côtés de cette longue artère. Je l'appelle, il sursaute d'étonnement : « Comment toi à Rome ? » — Et toi que viens-tu y faire ? Oh ! quelle chance, je bénis les Dieux de l'Antique et moderne Rome de la joie que ta rencontre me procure. J'arrive à l'instant, tu vois ma valise, je vais à la Police faire mettre mes papiers en règle. — Ta voiture est-elle à l'heure ? — Oui. — Dans ce cas je t'accompagne, je serai ton cicérone. Je monte avec lui, il m'embrasse, et ses yeux se mouillent de larmes. Tu ne vas pas j'espère gâter ma joie, car je dois avouer que je suis très heureux de te retrouver. C'était la vérité. Il me raconte que, pendant toute sa vie, il a désiré voir Rome, mais que les circonstances, et le manque de moyens pécuniaires l'en ont empêché. Ayant peint le plafond d'une villa anglaise de Nice, il avait gagné la forte somme, qui lui permettait de réaliser son grand rêve. Mais ce qui l'enthousiasmait surtout c'était ma rencontre qui lui était d'autant plus précieuse, qu'il ne connaissait personne à Rome. « Il y a une autre connaissance à toi, dont tu ne doûtes pas : Bonardel le sculpteur. Nous habitons la même maison ». — « Comment Gustave est ici ? C'est trop de veine ! Aussitôt débarrassés de la Police, nous irons le surprendre. Pendant le parcours nous combinâmes un tour à jouer à Bonardel. Il ne quittait jamais son atelier attendant le noble étranger qui lui ferait la forte commande. « Je t'annoncerai comme Prince Russe, tu as l'air assez Cosaque avec ton teint brun et tes cheveux noirs. Nous allons rire, et nous finirons par un bon dîner. En même temps nous ferons le choix de ton antre. Je dois te dire que la maison est totalement habitée par des artistes de toutes nationalités, juge donc si le séjour n'est pas attrayant. — »

Arrivés Via Felice, je le devançai, et frappai à la porte de Bonardel. Il y a un type chez le portier qui se dit Prince Russe. J'ai d'ailleurs vu sa carte. Il demande à visiter ton atelier. Prépare tout, mets de l'ordre, je vais le chercher pendant ce temps là. L'émotion coupait la parole à mon brave ami. Je me reconnus bien mauvais de lui jouer cette comédie. Mais le programme était établi. Je revins avec le Prince. Bonardel ouvrit la porte la tête baissée, quand il la leva, le désappointement fit aussitôt place à l'étonnement, puis à la joie. Il s'en suivit un colloque très comique en patois de Nice. Inutile de le répéter. On pensa à bien finir la journée, et l'on s'occupa de la chambre de Vachieri. Il y fit transporter sa malle, et il mit un peu d'ordre à sa toilette.

Nous passâmes une délicieuse soirée : dîner au restaurant, présentation au café aux artistes présents, Anglais, Grecs, Allemands, Belges, Italiens, Espagnols, promenade de la nuit à la Trinité du Mont, jusqu'à la villa Médicis, extase et enthousiasme indescriptible de Vachieri devant le panorama de Rome au clair de lune ! Nous finîmes par la composition du programme du lendemain : Lever aux premières heures, départ immédiat pour Saint-Pierre, rendez-vous avec Bonardel à midi au restaurant. En ma qualité d'ultra-paresseux, je revendiquai le rôle de cicerone. Au petit jour branle-bas. Notre ami n'avait pas fermé l'œil de la nuit ; la pensée de la vue des merveilles promises l'avait tenu éveillé. Nous partons, l'enthousiasme ne fait que croître dans le parcours. Nous passons devant un marchand de musique (on ouvrait le magasin), il s'arrête à la vitrine, il voit une clarinette, s'extasie et demande le patron ! Mais si tu fais ainsi nous n'arriverons jamais ; je pense que la coupole de Michel-Ange vaut ta clarinette, et ne risque pas d'exhaler des canards. Il persiste, le marchand arrive. Vachieri lui demande s'il a une méthode et le prix du tout ! Durant ce temps je piétinais sur place. Il sort, et de sa voix caressante et mielleuse, il me dit qu'il est forcé de rentrer dans sa chambre étudier la méthode ; que jamais il n'avait eu une occasion pareille, un instrument admirable pour presque rien. Mais tu es fou ! Ah ! j'avais oublié que tu étais de Taggia... Nous retournâmes, à la maison. Là, colère bien naturelle de Gustave, et nouveau colloque en patois de Nice, sur un ton tellement violent que je me garderai bien de le répéter. Et moi, qui étais fier d'être passé cicerone !

Le lendemain révolution dans la maison ! Tous les locataires furieux, n'ayant pu fermer les yeux de la nuit, s'en prenaient au propriétaire. Il nous fit appeler avant de mettre notre original ami à la porte. Il en avait toutes les raisons. Depuis le retour de chez le marchand de musique, il n'avait cessé d'extraire des canards de son maudit outil.

Je me dévouai, je le reconduisis dans un Hôtel de la place du Panthéon, et le laissai à ses études. Bonardel ne voulut plus entendre parler de lui. Nous ne le vîmes plus. Au bout de huit jours, par curiosité, j'allai à son Hôtel, je demandai des nouvelles de mon type. Il n'y était resté que quatre jours. Il avait exaspéré tout le voisinage, et était parti directement à la gare.

Nouvelle entrevue en 1865 à Nice. Il me parla des beautés de Rome ! Je lui tournai le dos.

Dernière entrevue à Menton en 1868. Je flânais sur la promenade du Midi. Devant la maison Trenca, je m'arrêtai près de deux roulottes de nomades acrobates. On faisait les préparatifs pour une représentation en plein air. Ces spectacles m'ont toujours interessé. Leur côté pittoresque me les a toujours rendus at-

trayants. A la première roulotte les maillots séchaient au soleil, les femmes raccommodaient
les oripeaux. La seconde était silencieuse. Seule
une tête d'homme apparaissait à une fenêtre face
à la mer. On ne voyait par cette ouverture très
étroite que le haut du corps. Je m'approchai. Le
front était appuyé sur la main gauche crispée
dans les cheveux noirs. Le regard vague, était
perdu vers l'horizon. Une expression de folie, de
désolation morale semblait rendre cet homme
insensible à tout. Je passai assez loin pour ne pas
le troubler dans ses tristes réflexions. Mais
quand je fus en face, un éclair d'effroi me saisit,
et me fit reconnaître Vachieri. Il ne m'avait pas
vu. Je m'avançai de quelques pas et l'appelai. Un
ah ! strident sortit de sa bouche ; sa main droite vint prendre place dans les cheveux crispés
et en les arrachant à poignées, sans me regarder : « Voilà, dit-il, ma dernière honte ! Voilà où
m'ont conduit mon imagination maudite, et mes
stupides illusions. » Puis me regardant : « Tu
vois la fin d'un incohérent, d'un fou, j'ai voulu
tout faire, et je n'ai abouti à rien qu'à toujours
descendre et à me dégrader au point de devenir
à mon âge amoureux fou d'une acrobate qui se
moque de moi. Je suis la risée de cette horrible
bande, et je vais jusqu'au moment où ma tête
éclatera naturellement ou de ma propre volonté.
Je ne rends personne responsable de mon malheureux sort. On m'a fait beaucoup de bien, la
reconnaissance m'obligeait à en profiter. Je suis

le seul coupable. » — Je tâchai de le consoler. Inutile, je vis que cette passion le dominait au point de tout subir, plutôt que de lâcher sa dernière illusion. Je lui tendis la main, il hésita, puis me la serra avec force, et pris d'un violent sanglot, il disparut.

Deux mois après je lisais dans le Caffaro de Gênes : Suicide à Livourne : Le nommé Antonio Vachieri s'est suicidé d'un coup de revolver, dans une roulotte de paillasses.

Les Rebouteurs

C'est une spécialité de gens la plupart très malins, surtout imposteurs et charlatans. Mais dans le nombre quelques-uns ne sont que des Médecins manqués, faute des moyens qui leur auraient permis de faire des études. Aidés par leur vocation innée, ils arrivent parfois aux plus beaux résultats.

J'en ai connu de convaincus et de sincères. Parmi ceux-là un m'a surtout étonné, appelons-le François. Chez lui c'était une passion héréditaire. Sur une famille de sept enfants, à lui seul échurent les dons naturels du père, brave et digne homme que j'ai connu. Il s'était fait des clients qui avaient foi dans ses soins désintéressés, et assidus, quoiqu'il fut pauvre. Je me souviens de l'avoir vu se promener la nuit, une lanterne à la main à la recherche de certaines plantes, qu'il ne cueillait qu'à minuit sonnant. Plus tôt ou plus tard leur faculté curative devait être nulle. Le fils ayant contre lui une conduite pas toujours irréprochable, un très fort penchant à l'ivrognerie, un manque absolu d'instruction et surtout ses mauvaises fréquentations, que ne pouvaient atténuer son bon cœur, sa loyauté, ne pouvait inspirer la confiance dont jouissait son père. Aussi, par dépit, il se consolait en soignant les animaux.

François Dagnino de Monaco était un colosse au physique, et un enfant au moral, se laissant entraîner par les camarades, qui l'exploitaient quand ils lui savaient quelques sous dans la poche. Comme il était très bien fait, et en même temps avait une tête de grand caractère, je le prenais comme modèle. Cela le rehaussait aux yeux de ses amis. Je le recommandais à mes élèves qui étaient satisfaits de son immobilité pendant la pose, et de ses manières. Il est vrai que je lui faisais la leçon, pour qu'il ne se présente jamais lorsqu'il se sentait hors d'aplomb. L'ayant connu enfant je m'intéressais à lui. Je possédais une maison de campagne sur la colline de l'Annonciade. La propriété était en amphithéâtre et en plein midi. Sur les terrasses en dessous de l'habitation, existait un petit réduit de peu d'importance qui servait à remiser les olives et les outils. Mon modèle me demanda de lui permettre de l'habiter. J'y consentis avec plaisir, d'autant plus que la maison était assez isolée, entourée d'un bois d'oliviers et de pins. Je ne l'habite pas souvent, je n'étais pas fâché de la savoir gardée par un homme solide et sûr, qui pouvait répondre à mon appel en cas de besoin. Et en plus, je le sortais du mauvais milieu qu'il fréquentait.

C'est là que je fus témoin de ses capacités natives pour soigner les animaux. La baraque devint bientôt un sanatorium. Il établit autour, des abris avec des planches pour ses malades chiens, chats, tous ayant quelque infirmité. Il les guérissait, et c'était l'âge d'or de ces braves bêtes. La plus grande harmonie régnait entre eux. Quand il y en avait un de raccommodé, de guéri et de présentable, il l'offrait aux passants, en faisant son éloge, et surtout en recommandant de ne pas le maltraiter ni de le battre. Et il n'exigeait jamais rien pour se payer de ses peines.

Les occupations de François l'appelaient en bas de la colline, et en ville. Il fallait vivre ! Il laissait la baraque, porte et fenêtre *(au singulier)* ouvertes, confiées à la garde de ses clients reconnaissants. Le soir il arrivait avec les provisions glanées un peu partout. A peine au pied de la colline, caché par les arbres, d'un coup de sifflet strident il annonçait son arrivée. Alors grand émoi dans l'établissement. Tous, dormants et silencieux, sortaient de leur douce léthargie, et se démenaient. Les chats grimpaient aux plus hautes branches des oliviers pour l'apercevoir plus tôt, les chiens aboyaient de joie, et remuaient vivement leurs queues courant au bord des terrasses étagées. Et jamais ni les uns ni les autres, ne dépassaient les limites sans barrière de la propriété. François arrivé devant le sanatorium, une joie immense s'emparait de toutes ces bêtes. Elles bondissaient autour de lui, quelques chats privilégiés se permettaient de grimper sur ses larges épaules, d'autres se contentaient de ronronner faisant le gros dos, contre ses jambes. Les chiens n'ayant pas ces privautés se rattrapaient en faisant des courses folles en rond. La distribution des vivres commençait, les clients avaient tous un nom ou un titre, ils se présentaient à l'appel. Je me souviens de Monsieur Babao, de Monsieur L'avocat, du Marquis, de Madame Patapia, de Mademoiselle Fanny, etc. Puis c'était le repas du Docteur, qui, assis sur un caillou, dégustait souvent un piètre menu, avec une délicatesse, et une satisfaction, qu'aurait enviée le plus gourmand des gastronomes. Et les clients étaient rangés devant lui, immobiles, les yeux attentifs, comme s'ils étudiaient tous ses gestes. Le repas fini ce n'était que courses folles des chiens, caresses des chats, et bavardages monologués par François.

L'intérieur du logis était d'une originalité rare. Un grabat pour lit ; au plafond étaient suspendues des quantités de paquets d'herbes de toutes espèces. C'était la Pharmacie. Chaque plante guérissait infailliblement une maladie. Au nombre des paquets, on pouvait juger du nombre de maux que l'Esculape était capable de guérir. Le brave docteur vu sa haute taille, était obligé de se baisser avant d'entrer dans son cabinet. Suspendue aussi, une bouteille renversée, à laquelle était attaché le paquet de pain. Il m'expliqua que sans cette précaution et ce système, les rats lui dévoraient sa provision. Le seul inconvénient de ce truc, était que glissant sur le verre, ils tombaient la nuit sur son lit, ce qui l'amusait beaucoup. — Mais les chats n'écartent pas les rats ? — Ils n'ont pas l'ordre. — Ce qui prouve qu'il obtenait que la paix soit faite entre ces trois races, qui depuis leur création n'ont jamais été d'accord. Qu'il est fâcheux que François soit mort, si tôt ! Quel succès s'il s'était occupé à inculquer ses idées et ses principes aux races Balkaniques, et même aux Mexicains ; la Kultur Boche aurait eu le dessous.

François était aussi tondeur de chiens. Telle était une des plus lucratives de ses nombreuses spécialités. C'est dans cette partie que ses facultés et son pouvoir de dompteur m'étonnèrent le plus. Un jour montant à la propriété je l'aperçus debout tournant le dos, courbé contre le mur d'une petite terrasse ou planche (ainsi dit-on dans le pays), ayant l'air très occupé et attentif. Il n'était pas sur la porte du sanatorium, mais à la limite du terrain concédé. Je me demandais quel genre d'occupation pouvait l'absorber au point de ne pas s'apercevoir de mon arrivée. Elle lui était pourtant annoncée par toutes ses bêtes qui me manifestaient leur joie. Près de lui je fus fixé ; il tondait un chien griffon dont je connaissais la très mauvaise réputation. Il se tourna et me dit : « On m'a chargé de tondre Monsieur, et vous le voyez, je suis en train d'en faire un jeune homme présentable. » Je crois que c'est par ironie et pour se consoler que ce brave homme ne parlait que de Dames et de Messieurs. — Mais, faites attention, je le sais très mauvais ! Vous devriez le museler et l'attacher, car il pourrait vous mordre, ou vous échapper. — Ne craignez rien, il ne mordra ni n'échappera, quand le travail durerait une semaine. — Et la bête couchée sur le dos, ses pattes larges ouvertes, le regard fixe, ne quittait pas les mouvements du tondeur qui avec une attention et une délicatesse inouïe lui coupait les poils entre les doigts d'une d'elles. — Mais pourquoi vous êtes-vous placé ici au lieu d'être près de votre maison ? — C'est pour que ces Mesdames et ces Messieurs, ne viennent pas m'embêter pendant mon occupation. — Mais qui les empêche de venir ? — Je leur ai donné l'ordre de ne pas quitter la baraque. La curiosité et la jalousie sont de grands défauts, chez les hommes, comme chez les animaux, le vrai devoir est de les combattre. — Acceptant ces explications

bizarres, et en même temps logiques, je le laissai
à son minutieux travail, et je montai à la maison. Au bout de quelque temps, j'eus besoin de
son aide. N'étant pas assez robuste pour ce que
j'avais à faire, j'allai à l'extrémité de la terrasse
qui surplombait son établissement sanitaire, et
le priai de venir m'aider. Subito, me répondit-il.
Et déposant les ciseaux à côté du chien, il le lais-
sa dans la même position. Je lui criai de l'attacher, ne sachant combien de temps je l'occupe-
rais. Il ne répondit pas, et arrivé près de
moi, et très bas : « Je lui ai dit un mot, cela
suffit. Après-demain il sera encore là, si ce n'est
pas moi qui lui ordonne de se lever. » Ce qu'il
avait à faire le retint près de moi, vingt-cinq mi-
nutes au moins. De temps à autre j'allai voir le
chien, il était toujours dans la même immobilité,
seul son regard était dirigé vers le haut dans la
direction qu'avait pris « le type ». Quelle puissance avait donc ce mot ? Je ne pouvais douter
étant témoin de son efficacité. Aussi cet illettré
ignorant et ivrogne devenait quelqu'un à mes
yeux. Quant à ses réflexions si logiques, il les
avait héritées de son père, ignorant autant que
lui, mais homme d'un grand jugement inné.

Ce fameux mot m'a bien longtemps intrigué.
J'ai souvent insisté pour le connaître, et pouvoir
m'expliquer son effet. J'ai toujours trouvé comme réponse un mutisme complet. Quelques années passèrent sans résultat. J'eus enfin la chance de le prendre un jour bien disposé, et sans

parole, et à un signe, en me montrant ses dents du bout de son ongle, comme les enfants essayant les œufs de Pâques, je compris qu'il devait mordre le sujet à dompter. Mais où et comment ? Silence. Enfin le jour des explications complètes arriva. Et voici son système et ses réflexions. Les hommes sont plus bêtes que les animaux, ils les battent avec le fouet, le bâton ! Quels résultats en obtiennent-ils ? Tôt ou tard la vengeance, la rancune. Le chien mord, le cheval mord, rue, ou débarque son cavalier, les entêtés ânes et mulets reculent au lieu d'avancer. Les animaux doivent être menés avec douceur. Avec des caresses, et surtout la parole, et quelquefois le regard, on obtient plus qu'avec les brutalités. Si vous en trouvez quelqu'un de récalcitrant et d'intraitable, il n'y a que ça. — Oui, je sais, vous m'avez déjà fait ce signe, mais où les mordez-vous ? — Je ne les mords pas, je leur fait sentir la seule pression de la dent. Si l'on me présente un cheval vicieux et rétif, je fais mon possible pour m'approcher de son oreille, et je lui fais sentir cette légère pression. S'il y a des témoins, je place la bête entre eux et moi. Puis lui penchant la tête, je fais mon affaire, et je leur fais croire que je lui ai dit un mot ; et pour leur montrer sa puissance, je saute sur le cheval, et je lui fais faire ce qui me plaît. Voilà pourquoi toutes les fois qu'un cheval est dans ce cas, on m'appelle. Malgré leurs sarcasmes, ils sont obligés d'avoir recours à mon ministère, et de reconnaître que quoique ivrogne et illettré, je suis bon à quelque chose. Vous avez des chiens, essayez. Mais, je vous en prie, pas un mot, c'est mon plus sûr gagne-pain. J'ai essayé sur une petite chienne que j'avais, et à laquelle je tenais à ne faire aucun mal. A cette seule pression, un tremblement nerveux de la bête, son œil terne, effrayé, fixé sur moi, me convainquirent de l'efficacité du procédé. Longtemps après, je lisais dans une revue Anglaise, qu'un jockey, célèbre venait de mourir laissant une fortune de plusieurs millions. Il est certain, ajoutait-elle, que cette profession enrichit ceux qui l'exercent. Mais chez celui-ci, elle s'était accrue des gains considérables acquis en domptant les chevaux les plus vicieux. Les grands éleveurs Anglais avaient recours à lui dans de pareils cas. Le procédé du Jockey était en tout absolument le même que celui de François. C'est-à-dire le mot à l'oreille.

A qui la priorité d'invention ?

Types de joueurs aux temps préhistoriques

Le monde joueur de cette époque, différait sur beaucoup de points de l'actuel. Ceux qui fréquentaient les jeux, appartenaient en grande partie aux classes élevées et aisées. Après des hauts et des bas, dans chaque établissement où le jeu était autorisé, beaucoup se déplumaient et devenaient des piliers dédorés mais fixes de ces établissement. Ils vivaient d'artifices et de lutte contre les hasards du jeu, avec une ténacité énorme, entretenue par l'espérance qui n'abandonne jamais le ponte.

Le minimum à deux francs, avait attiré à ...... tous les décavés des grands jeux d'Allemagne et de Belgique. C'est parmi ces déplumés que je choisis les types dont j'essaye de décrire l'existence.

LOTHARIO

Lothario avait 65 ans. Fils d'un amiral, élève de l'école Polytechnique, gradé dans la marine, Il avait perdu sa place, après des pertes folles au jeu. Il était réduit à une pension mensuelle de secours de l'Etat de 92 francs 15. C'était avec cette faible somme qu'il prétendait vivre et lutter avec le hasard. Il avait un système qui se basait sur trois millions de coups. Il vous présentait, tout comme Moïse, un énorme manuscrit calligraphié, comme par feu Boccace, richement relié, et qui contenait des opérations mathématiques, des logarithmes, de l'algèbre, et des figures géométriques. Le tout représentait une grande érudition, expliquée par ses fortes études. Par toutes ces opérations, chiffres et figures, il prouvait qu'avec 50 francs, on pouvait gagner 5000 francs par séance. Le capital était de 10.000 francs. Le tout était de trouver le gogo. Cela arrivait quelquefois. Lothario était honnêtement sincère et persuadé. Sa persuasion il la communiquait au bonhomme. Dans ces moments il était triomphant, il devenait l'ombre de son associé. Celui-ci le nourrissait, ce dont Lothario était loin de se plaindre. Les séances avaient lieu tous les jours, à la même heure. Lui indiquait les coups à jouer, et contrôlait les résultats bons ou mauvais. Après l'attaque, vérification en chambre de la caisse et payement convenu d'avance de la rémunération journalière. Cela durait quelques jours, et généralement l'affaire ratait, au grand désappointement du gogo, et à l'étonnement de Lothario. Il s'empressait alors d'aller porter le fruit de ses journées à la cagnotte du Casino.

Son existence retombait alors dans la normale et sa petite pension devait servir à tout. Il était très robuste, doué d'un appétit formidable, avec cela des dents de caïman, et des illusions infinies, la panacée qui rend le joueur insensible à tout ce qui n'est pas le jeu, et qui lui permet de vivre de rien. A la fin de chaque mois j'avais sa visite. Je savais ce que cela signifiait. Depuis longtemps je lui prêtais 1 fr. 50 prix de son voyage aller retour à Nice, pour se présenter au Consulat de France, où il touchait sa pension (*Nice était encore Italienne*). Au retour il venait payer sa dette. Ensuite c'était le loyer de sa petite chambre. Puis il achetait un sac de pain, une couronne d'oignons et quinze litres de vin. C'était son menu pour tout le mois. Il aurait mangé le triple. Après avoir installé ses maigres provisions dans sa chambre, il procédait à sa toilette et bien brossé, bien astiqué, il se dirigeait le cœur plein d'espoir vers la fatale roulette, contre laquelle se brisaient ses rêves de richesses. Bredouille il revenait pensant à la prochaine revanche qui le vengerait de tous ces échecs.

Une seule fois, au retour de Nice, il ne vint pas me voir contre son habitude. Je prévis un écart peut-être désastreux pour lui. Le soir au casino, à peine il me vit, il courut vers moi très ému. « Oh ! Mon cher, en arrivant de Nice, je ne sais quelle horrible idée j'ai eue, quel démon m'a entraîné au jeu, au lieu d'aller vous payer ma dette sacrée. Je suis entré dans la salle. J'ai cependant joué mon système, mais le mauvais sort et la guigne s'en sont mêlés, j'en ai été bientôt réduit à ma dernière pièce de deux francs. Figurez-vous si j'ai perdu la tête ! Je ne savais que faire. C'était la faim pour longtemps. Ma main serrait avec rage le dernier jeton. Fou de dépit, de honte envers vous, j'étais anéanti et rôdant dans la foule, lorsqu'une inspiration divine me vint ! D'où ? Je n'en sais rien. Moi qui n'ai plus prié depuis ma première communion, je me précipitai dans l'embrasure d'une fenêtre. Ne sachant plus de prières j'en improvisai une à la Sainte Vierge, mais une prière admirable, comme il n'en existe pas de pareille. Ma détresse m'y fit mettre tout mon cœur. Réconforté je me précipite au tapis vert, je jette mon jeton sur le 19, il sort, et voilà les 75 francs. Fou de joie, il voulait m'offrir un bock, pour changer, et payer sa dette.

Quand la petite somme mensuelle était engloutie, (ce n'était pas long), il se calmait, et tranquille il était de très agréable compagnie. Très instruit, il avait beaucoup voyagé pendant son service dans la marine. Sa conversation en était d'autant plus instructive. J'aimais sa compagnie. Par de belles nuits nos promenades se prolongeaient très tard. Pendant une de ces flâneries je remarquai que son organe très puissant faiblissait. Je lui demandai la cause de cette impression de faiblesse dans sa voix. La réponse fut simple et catégorique : « J'ai faim ! » Depuis, quand je m'apercevais qu'il avait des ratés dans la poitrine, nous nous dirigions chez moi, et sans aucune explication, je lui apportais du pain, des figues sèches, des noix, ce que je trouvais sous la main. Il dévorait le tout sans boire.

A la longue les vêtements s'usaient, et perdaient leurs nuances primitives, et prenaient une teinte d'usure. Il n'allait plus que tard dans les salles. Un soir, en l'accostant je lui pose la main sur l'épaule. Je sens ma main mouillée. Je lui demande s'il est passé sous une gouttière. — « Tout bas, mon cher, je suis tellement honteux de l'état de mes effets, qu'avant de sortir, je trempe ma brosse dans la cuvette, et je la passe sur mes vêtements. J'ai près d'un litre d'eau sur mon dos. » — Le malheureux ne pensait pas aux rhumatismes malgré son âge. Effet de l'endurance des joueurs !

JOSÉ

Qui, de ceux qui ont fréquenté le littoral et les jeux, depuis vingt-cinq ans, n'a pas connu José ? Par sa distinction, son amabilité, il attirait ; et ceux qui l'approchaient une fois devenaient ses a-mis. C'était un joueur incorrigible, donc une vic-time de cette folle passion. Il n'hésitait pas ce-pendant à raconter les chutes successives qui l'avaient amené à vivre cette vie, et à devenir, dans ce milieu, un pilier de l'établissement. Son père, orientaliste distingué, membre de l'Institut, l'avait dirigé jeune dans la même voie. Après de brillantes études, José voyagea beaucoup en Orient. Malheureusement, la passion du jeu le prit au moment où il s'affirmait l'émule de son père. La dégringolade suivit, des pertes énormes dévorèrent une grande partie de son patrimoine. Toutes les maisons de jeu de l'Europe le virent, et dans toutes il perdit. Au moment de la découverte de l'or en Californie, il se créa à Paris une société de jeu à destination de San-Francisco, qui venait à peine de naître. José n'hésita pas une minute à changer d'hémisphère, espérant se rendre le sort favorable. Il partit pour l'Amérique, accompagnant la direction, la caisse, la roulette et les croupiers. Vingt ans après, il frémissait encore au souvenir de ces chenapans ! Il revint complètement décavé, et végéta misérablement pas mal d'années, ce qui lui devait être dur, vu sa droiture, car où le malhonnête homme surnage, l'honnête homme sombre.

La mort de son père vint mettre fin à ses tribulations et équilibra sa situation. Il hérita d'une fortune assez importante, avec une rente inaliénable qu'il touchait par trimestre. Il procédait absolument comme mon précédent type. Seulement, l'importance de la somme lui permettait une vie plus large et sans risques. Chaque trimestre, il réglait à l'avance son hôtel, son tailleur, son café, ses cigares, etc. Et délivré de toutes ces charges, il donnait l'assaut à la roulette qui, régulièrement, dans plus ou moins de temps, le repoussait et gagnait la bataille.

Pendant les hostilités, qui se prolongeaient quelquefois plusieurs jours, José était inabordable, furieux, insolent, querelleur, superstitieux à l'excès. Si quelqu'un lui était antipathique dans la salle, il l'accusait de l'avoir empêché de faire sauter la banque, parce qu'il n'avait pas pu jouer son jeu. Il me fit sortir un jour, prétendant que ma cravatte verte lui portait la guigne.

Il n'avait pas de système, son jeu variait selon la fantaisie. Il parlait de certains coups du tigre, du léopard ; il prétendit un jour que je lui avais fait râter son coup de la panthère ; il était aussi question des coups du singe et du lapin. On était étonné de voir une intelligence pareille arriver à cet état d'enfance. Cette fièvre le tenait tant que durait l'argent. Nettoyé, il redevenait gai, aimable, et retrouvait son charme attirant. Il s'égayait de tout, tout l'intéressait, l'amusait. Un jour le voyant arriver vers moi, je remarquai qu'il quittait un trottoir pour la chaussée, et le reprenait plus loin. Aucun embarras dans la circulation, ne le forçait à un pareil exercice. Quand il fut près de moi, je lui demandai la cause de ces changements dans sa marche. Mon cher, il y a toujours moyen de se distraire ; je suis pressé; en sortant du Casino, j'ai réfléchi que la ligne droite étant le chemin le plus court d'un point à un autre, j'étais forcé de couper les courbes par des tangentes. Seulement je vous ferai remarquer qu'en m'interpellant, vous m'avez fait perdre le gain que j'avais déjà acquis. Je m'excusai et le laissai poursuivre sa ligne droite. Sa conversation variait selon le temps. Un temps laid l'é-

nervait, un beau temps le réjouissait. Certains
jours il ne cessait de raconter les bourdes les
plus abracadabrantes qu'on puisse imaginer, et
il se fâchait si on montrait de l'incrédulité. Il é-
tait convaincu au point qu'il avait l'air d'y croire
lui-même, dès lors malheur si on riait. Elles en
valaient d'ailleurs la peine ; telle que celle du
caïman, qui le prit à cheval sur son dos, et lui
fit traverser une rivière de l'Amérique du Sud, et
cela à cause de la puissance de son regard, et de
la suggestion. Et cette autre qui lui arriva en
descendant le Nil : Il vit sur le bord du fleuve,
allongé sur le sable, un énorme crocodile, la bouche grande ouverte ayant l'air de se chauffer au
soleil. Il saisit sa carabine, et dès que le bateau
fut en face, il lui envoya une balle en pleine
gueule. L'animal ne fit aucun mouvement, mais
on entendit aussitôt la Marseillaise jouée par un
orgue de Barbarie, le son paraissait venir de dessous terre. La balle de José avait déclanché le
ressort de cet instrument qui était resté muet
depuis que le crocodile était mort après l'avoir
avalé ! Quelle faim :

Le Comte R.

Le Comte R..était Vénitien, exilé et dépossédé de sa fortune par les Autrichiens pour causes politiques. En quittant Venise il s'établit en Italie. Mais élevé comme la plupart des fils de la Noblesse Italienne à cette époque, sans aucune profession, incapable de se tirer d'affaire, il végéta longtemps, aidé seulement par quelques connaissances artistiques, qu'il avait acquises comme art d'agrément. Il faisait des portraits qui ne manquaient pas d'un certain mérite. La ressemblance y était, ainsi que l'exécution à l'aquarelle, qui dénotait le coloriste Vénitien. Mais pas connu, ayant à lutter contre la concurrence photographique, qui a anéanti les petits portraitistes, incapable de se pousser, ou de se faire pousser par les autres, il avait peu de chance de réussir. Après avoir essayé dans plusieurs villes de la Haute-Italie sans succès, il passa à Genève et de là à Saxon, où il existait une roulette. C'est là qu'il prit la passion du jeu, qui ne devait plus le quitter. Il eut bientôt son système, et trouva comme ses congénères des gens qui crurent à sa réussite. De Saxon il vint à ....., où je le connus. Les premiers temps, pendant la saison d'hiver, ses enseignements et ses conseils le soutinrent il ne se tirait pas mal d'affaire. L'été arrivé, le monde déserta le littoral, et le pauvre R. tomba peu à peu dans la plus noire misère. Il ne lui restait que la ressource de faire les portraits à des bonnes, à des cuisinières qui lui donnaient cinq et même deux francs pour leurs effigies.

Il était très honnête, et surtout très distingué, ce qui doublait sa détresse. Agé de cinquante ans, triste de sa nature, écrasé par ses malheurs, sans énergie, il tomba bientôt dans un marasme moral, qui me fit redouter quelque acte de folie. Une nuit vers une heure du matin, par un clair de lune splendide, en vrai noctambule, je promenais sur la place du Palais, lorsque je vis R. courant comme un insensé vers la descente Sainte-Barbe. J'eus immédiatement l'intuition de son projet. Je me précipitai, et l'atteignis à temps près de l'à pic de la Grue. Il se débattit, ses mots étaient incohérents : « en somme il voulait en finir avec la vie, il en avait assez, il avait long-temps lutté, il ne pouvait plus supporter l'exis-tence, ayant peur de descendre à des actes que sa conscience réprouvait. » Je l'entraînai de force, et l'enfermai à clé dans une chambre que je louai à un cinquième étage, qui me servait d'ate-lier. Après l'avoir raisonné, je l'installai sur un hamac, la seule couche que je possédais. Je lui fis jurer qu'il ne tenterait pas de se jeter par la fenêtre, attendu qu'il en résulterait pour moi un grand ennui, et un vrai préjudice. Je le laissai, persuadé que mon prisonnier était tenu par en-gagement d'honneur. Il vécut là près d'un an. Les premiers mois, les voisins, de pauvres gens, des familles d'ouvriers, l'aidèrent selon leurs faibles moyens. Les bonnes femmes lui portaient de la soupe, lavaient les quelques hardes qui lui res-taient. Il le leur rendait en apprenant à lire aux enfants. Je réussis à lui trouver une petite place chez un entrepreneur qui débutait, et qui le char-gea de la comptabilité. Sa distinction et sa dé-tresse, émurent tellement le brave ouvrier, qu'il en vint à lui offrir en plus la nourriture, et l'ar-gent nécessaire à renouveler son vestiaire. Le bonheur, conséquence de cette vie d'ordre et de travail, sembla calmer et consoler le Comte. Il rendit ces bienfaits, en éduquant toute la famille du digne ouvrier. Cela permit plus tard à celle-ci, par les manières distinguées de tous ses mem-

bres, d'être à la hauteur d'une fortune honorable-
ment acquise.

En 1866, l'Italie, d'accord avec l'Allemagne,
déclara la guerre à l'Autriche. Cette circonstance
inspira au Comte R. un projet que je trouvai
digne d'un homme de cœur. J'ai été exilé et dépossédé par les Autrichiens, me dit-il, l'occasion
se présente de leur témoigner mes sentiments.
Elle est trop belle, je serais un lâche de ne pas
en profiter. Je suis âgé mais robuste ; mon devoir est de rentrer à Venise les armes à la main.
Il en fit part à l'entrepreneur, qui, comme moi,
trouva l'idée grande et digne de lui. Tout fut or-
ganisé dans ce but. On lui remit tout l'argent qui
lui revenait. Il l'avait laissé entre les mains du
patron, de peur d'être tenté d'aller au jeu. Nous
le quittâmes en lui souhaitant une bonne réussite, et lui recommandâmes de nous tenir au courant de ce qui lui arriverait.

Le lendemain un de ses pauvres voisins vint
nous dire que R. était venu frapper chez lui et
lui demander l'hospitalité pour la nuit. Il ajouta
qu'il était comme fou, et qu'il ne l'avait jamais
vu dans un pareil état de découragement et de
désolation.

Rage, excuses, et une vraie désolation tout cela
train, avait subi l'hallucination du jeu. N'ayant
pu y résister, il était allé perdre tout le bénéfice
de son travail, si péniblement acquis.

Rage, excuses, et une vraie désolation tout cela
nous émut. Entre tous nous lui refîmes une

somme qui lui fut remise dans son comparti-
ment en même temps que son billet pour Milan.
Après le départ du train je rentrai dans mon
atelier, et en mettant de l'ordre je trouvai bien
cachée, une masse de petits papiers couverts de
chiffres, de martingales, de coups, de séries pro-
bables ! Il n'avait donc cessé d'étudier, de chercher des moyens de gagner, et c'est par cette formidable préméditation qu'il avait été entraîné à
rejouer. Ce qui prouve encore mieux, à quoi le
jeu peut pousser le plus honnête des hommes.

Au bout d'un mois, au Casino, je trouve un
système, c'est ainsi qu'on appelait, les mar-
chands de chances. Je le connaissais, je lui demandai où il avait été pendant son absence. —
A Saxon, me dit-il. — Y avait-il beaucoup de
monde ? Certainement. J'ai vu là-bas beaucoup
d'habitués d'ici, entre autres, le Comte R. Je
sautai. Depuis quand est-il à Saxon ? — A peu
près un mois. — Le malheureux à Milan avait
oublié sa bonne intention, son beau et honorable
projet. Il était plus facile de passer en Suisse,
Venise était trop loin. Il était allé à Saxon ! J'a-
vais donc raison de dire, que la fièvre du jeu ne
devait plus le quitter.

L'Avocat S.

Un modeste, un honnête homme. On n'a jamais su quels étaient ses moyens d'existence. Ils ne pouvaient être que bien faibles, et cependant personne n'a eu à se plaindre de la moindre indélicatesse de sa part. Quand il poussait en tremblant son jeton sur la table de jeu, on était sûr que ce n'était pas le produit d'actions illicites, mais le résultat de longues peines. On l'a vu cueillant des fleurs de mauve pour les vendre aux pharmaciens, ou servir des messes.

J'assistai un jour à une scène typique. A cette

époque les Anglais ne venaient pas au jeu. Pendant plus de quinze ans on n'en vit que deux, un prétendu Lord, et une vieille Anglaise ayant un commerce de parapluies à Nice. Elle arrivait tous les jours ; très joueuse, et pas très riche, souvent décavée. Elle connaissait tous les déplumés dont elle essayait les systèmes. Ayant perdu la somme qu'elle avait sur elle, cherchant quelqu'un qui vienne à son secours, elle aperçut un jour l'Avocat S. qui était près de moi. Elle se précipite vers lui. — Mon cher S., je suis furieuse, j'ai perdu tout l'argent que j'avais sur moi ; il ne me reste que trente-deux sous, que faire avec ? Si vous aviez huit sous nous compléterions le jeton. S. se fouilla, il possédait un peu plus que la somme réclamée, il la lui donne. Elle refuse et lui remet sa part pour qu'il joue, vu la guigne qui la poursuit. Le brave S. tremblant s'approche de la table, l'Anglaise le suit. Je suis les deux. Derrière lui, pendant que la boule tourne, frénétique elle le pince au bas du dos, avec une telle force qu'il fait des grimaces et des gestes significatifs. Perdu ! Entre les deux, duo muet de désappointement et de consternation. Quelques moments après, un louis roulant tombe à terre passe sous la table. Le chef de partie fait signe à un garçon. Avant qu'il arrive, l'Anglaise était déjà allongée pour être première à le ramasser. L'honnête S. la tire avec force par les jupes. Que faites-vous là ! une honnête femme, une Anglaise !

La Princesse K.

Encore une figure curieuse de cette époque. La colossale Princesse K. avait été dans sa jeunesse la maîtresse de l'Empereur N. Ce n'était plus que les restes d'une immense femme, et d'une grande et majestueuse beauté. Déjà âgée, et joueuse à l'excès, elle avait mis à la mode Hombourg, et y avait attiré la haute société Moscovite. Aussi elle était de la maison, elle connaissait tous les employés, et même elle en tutoyait quelques-uns. On lui accordait toutes les faveurs, comme à la maîtresse de l'établissement. Elle s'installait à la table de jeu dès l'ouverture, et ne quittait que très tard, jouant, causant ou regardant jouer. Tout ce qui tenait du jeu l'intéressait. Elle habitait l'Hôtel de Paris, et comme elle était infirme, on la charriait sur une voiturette jusqu'au pied de l'escalier du Casino. Véhicule et et Princesse étaient alors hissés à bras de garçons, roulés jusqu'à la salle de jeu, et placés parallélement à la table. Là elle passait une grande partie de la journée.

La foule dans ce **temps n'étant pas** très compacte, ces deux grandes machines superposées, ne gênaient en rien le peu de joueurs. Il arrivait quelquefois que la Princesse avait appétit. Rien de plus simple. On lui apportait immédiatement de l'Hôtel ce qu'elle désirait : une côtelette, des « sandwichs », ou autres choses. Une serviette sur le tapis vert transformait la roulette en table d'hôte. Le thé lui était souvent servi, ainsi que d'innombrables cigarettes. Mais ce qui sortait de l'ordinaire, c'était le passage instantané du liquide qu'absorbait cet énorme corps, cela obligeait un garçon chargé de cet office à guetter la rigole qui sortant de dessous la voiture, courait sur le parquet ciré, cherchant ses parties les plus creuses, et se dirigeant souvent de deux ou trois côtés différents. C'était armé d'une énorme éponge que le malheureux arrivait à absorber le tout. Puis il allait la presser dans un récipient caché derrière un meuble.

La Princesse jouait, ou causait, semblant ignorer le sauvetage d'une partie de son contenu.

Le Comte B.

Le Comte B. était un des plus gros joueurs, sinon le plus gros d'Allemagne. A Hombourg, comme la Princesse K. il avait été un des grands habitués de cet établissement de jeu. En 1865 il passait l'hiver à Menton, je donnais des leçons à sa fiancée, la fille de la Baronne de K. Je sus bientôt que les fiançailles n'avaient été décidées qu'à la condition que le Comte renoncerait pour toujours à sa passion favorite. Il m'avait vu chez sa fiancée, et me retrouvait souvent à .... je lui devins suspect. Afin d'être tranquille sur mon compte, il m'accosta un jour en sortant du jeu, et en prétendant parler art, il m'entraîna au café. Peu à peu la conversation changea d'allure, et tourna au jeu. Le résumé fut de me prier de ne jamais dire à sa fiancée que je l'avais vu à

.... Je le lui promis, et tins parole. Je m'amusais beaucoup à le voir arriver crotté, et couvert de poussière, un bouquet de fleurs des champs à la main. Il l'offrait à sa belle fiancée, s'affalait l'air éreinté sur un fauteuil, et décrivait avec enthousiasme les sites qu'il venait de voir sur le chemin de Gorbio, ou au Cap Martin. Le faux personnage avait quitté la voiture qui le ramenait à cinq cents mètres de Menton. Là après avoir piétiné dans les tas de poussière au bord de la route, il pénétrait sous les bois d'oliviers, cueillait quelques pâquerettes, et faisait son entrée. La jeune fiancée lui essuyait gracieusement les gouttes qui perlaient sur son front !

J'assistai quelquefois à son jeu. Il était impertubable, et arrivait souvent à jouer le maximum avec une désinvolture qui dénotait une fortune énorme. Il demanda au directeur de lui permettre de pousser sa martingale jusqu'à soixante mille francs, ce qui lui fut permis plusieurs fois. A son départ je lui demandai s'il était satisfait de la saison, et s'il avait fait des bénéfices. — Mais oui ; avec mes fortes mises je ne suis en perte que de quatre vingt mille francs ! Je trouve que je me suis amusé à peu de frais.

Le mariage eut lieu quelque temps après en Allemagne, ce qui prouve que la Baronne a été persuadée que son gendre avait tenu parole. La jeune Comtesse, étant petite nièce de Bismark, fut de suite nommée Dame d'honneur de la Reine de Prusse.

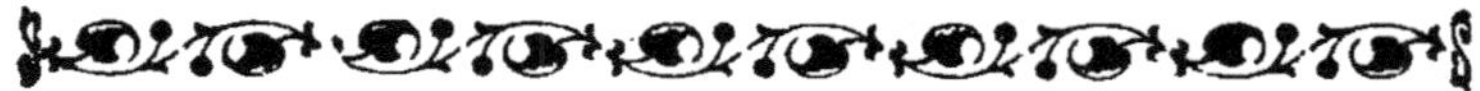

La Touine jaune

Le type était ainsi nommé, parce qu'il portait
ce vêtement, à la mode à cette époque, lors de
son succès au jeu. Il n'appartenait ni à l'aristo-
cratie, ni aux classes aisées, c'était un simple larbin, très grand et décoratif. Depuis longtemps au
service du Prince G. Ambassadeur de Russie à
Turin, il avait suivi à Monte-Carlo, son maître,
gros joueur, comme le sont beaucoup de Russes.
Modèle des valets, toujours attaché à son service,
ne sortant presque jamais de la villa que le
Prince avait louée, il n'avait jamais pensé au jeu,
il n'en connaissait que les émotions variées qu'il
surprenait souvent chez son maître. Le Prince

devant aller à Nice pour quelques jours, le prévint et lui permit de sortir pendant son absence. Il lui recommanda de se distraire, de ne rien faire dans la villa. Le larbin en profita pour voir le pays. Affublé de sa touine, qui probablement avait autrefois couvert des épaules plus augustes, il alla se promener devant le Casino, en simple flâneur. En voyant la foule qui entrait et sortait continuellement, la curiosité le poussa, il se dit que, étant richement couvert, l'entrée ne lui serait pas refusée. Il pénétra sans encombres. Arrivé devant la roulette, il eut l'éblouissement de l'or, qui grise plus les rapaces que les prodigues, car il était très rangé, économe et presqu'avare. La tentation fut subite. Comme il ne connaissait et ne fréquentait personne, il ne se munissait que d'une somme minime, de peur de dépenser sans motifs. Il tâta sa poche, qui ne contenait en tout qu'un jeton de deux francs, le minimum de la mise, monnaie courante dans le pays. Il se dit que le risquer ne serait pas sa ruine. Il le jeta au hasard, d'un geste dégagé, sur la table. Une heure après, il gagnait quarante mille francs, sans se rendre compte comment cela était arrivé, ne connaissant pas la marche du jeu. Les croupiers étaient obligés de lui retirer ses masses, en le laissant jouer à sa guise. Pas emballé, et avec une prudence admirable, il ramassa les billets qui disparurent dans les profondes poches de la touine et, impassible, à la grande stupéfaction de la galerie qui n'était pas habituée à un tel sang-froid, il se dirigea solennel vers la porte, sortit, la ferma. Se retournant il lui fit d'un grand mouvement de son long bras un signe de croix, qui fit l'étonnement et la joie de ses confrères qui gardaient l'entrée. Et de longtemps, on ne vit plus la touine jaune.

Le Prince étant revenu, la Touine, malgré l'attachement qu'il avait à son Altesse, et la pensée des ennuis qu'il lui causerait en l'obligeant à chercher son remplaçant, le pria de vouloir bien lui accorder les huit jours, ou plus, si d'ici là il n'avait pas trouvé une personne à son gré. — Comment tu veux me quitter ? n'es-tu pas content ? — Au contraire je suis désolé, et si je devais continuer à servir, je ne quitterais le service de Votre Altesse qu'à ma mort. — Mais alors quelle idée, du moment que tu te trouves bien chez moi ? — Des affaires de famille m'appellent en Piémont. — Le Prince insista et fut si pressant, que la pauvre Touine vendit la mèche. — Oh ! s'exclama l'Altesse, raconte-moi ça, tu as gagné, comment as-tu joué ? as-tu un système ? indique-le moi, je te promets la fortune ? — Je n'ai jamais joué, et je ne connais pas le jeu. — Partout où mes pièces et mes billets étaient jetés je gagnais. La galerie se moquait de mon inexpérience, ce n'était que des rires, et des étonnements. C'est ce qui m'a fait quitter la salle. Peut-être que si j'avais continué, la chance aurait tourné contre moi. — C'est probable, dit le Prince ! —

La Touine partit pour le Piémont. Il possédait une campagne improductive qui lui venait de ses parents. Il s'y installa, la fit cultiver, acheta plusieurs couples de bœufs, des vaches, travailla, et devint au bout de trois ans, un propriétaire aisé, heureux, et envié. Tout lui réussissait. Nourri des produits de son domaine, il dépensait très peu, et vivait dans le calme le plus complet. Ses sommes grossissaient et s'accumulaient. Mais le démon tentateur du jeu veillait. La Touine eut un jour la vision dorée de la table de la roulette. Après de longues luttes, il se dit avec 2 francs j'ai gagné 40.000 francs, je ne vois pas pourquoi avec 100 francs je ne gagnerais pas 100.000 frs.

Ce raisonnement lui parut si logique, qu'il se décida à entreprendre le voyage, et pour pouvoir résister et lutter contre des revers possibles il s'arma de 1.000 francs. Avec une telle somme il pourrait tenir longtemps et triompher de la guigne si elle se présentait. Et si la défaite arrivait il reviendrait et ne se laisserait plus tenter. Après tout 1.000 francs, ne seront pas une ruine, leur absence ne paraîtra presque pas dans sa caisse.

Il revint à .... effacer la croix qu'il avait mimée trois ans auparavant. Il apprit le jeu ce qui lui permit de faire durer la bataille, mais la défaite fatale arriva. Dans cette période de temps, il se fit à cette vie de luttes et d'espérances, il fréquenta les joueurs de système, il assista aux séances de chambre, qui réussissent tou-

jours, quand on joue en blanc, selon le terme
consacré. Il oublia ainsi le Piémont, il fit vendre
les couples de bœufs, puis les vaches. Les récol-
tes y passèrent, et le fond complet suivit à son
tour le courant. La touine devint un habitué des
salles, offrant son système à tous les novices de
la roulette. L'été il allait à Saxon. C'est lui qui
me donna des nouvelles du Comte R.

Me trouvant à Rome six ans après, sur la place
Saint-Pierre, une voiture de Cardinal venant à
passer, je reconnus un des trois larbins galon-
nés d'or, debout, derrière la lourde et riche voiture, se tenant accrochés aux énormes glands en
passementerie. C'était la Touine jaune. Cela ne
veut pas dire qu'il ne soit revenu depuis taquiner
la chère roulette. Si on ne l'a pas revu, c'est
qu'un anévrisme quelconque, lui aura fait lâcher
son gland doré, pour subir la série noire.

III

Jolis Riens

Bagatelles

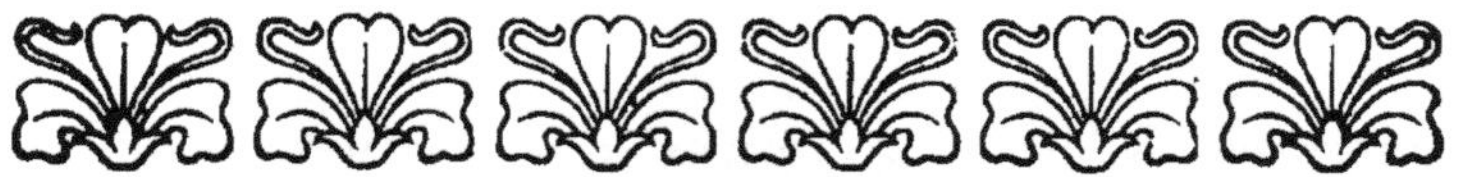

Pietrino

Mille huit cent soixante-huit est bien loin, mais je retourne volontiers à cette époque, à cause des souvenirs gais, intéressants, et même tristes qui reviennent souvent à ma mémoire. L'histoire de Pietrino est de ce nombre.

A cette date le littoral conservait encore son cachet primitif. La voie ferrée n'existait pas, et les moyens de communication très restreints faisaient que, les gens du pays ne voyageaient qu'en des cas de force majeure. Les messageries et les diligences étaient pour les petits voyageurs, et les gens d'affaires. La colonie Etrangère composée en majeure partie d'Anglais, de quelques Français, d'Allemands et de Russes en très petit nombre, arrivait en berline à trois, quatre et six chevaux. C'était le temps des Veturini, et des courriers Italiens, personnages très importants, choyés dans toutes les stations du littoral, qu'ils gouvernaient. Malheur à qui ne se mettait pas en peine pour avoir leur protection, car les familles étrangères leur donnaient pleins pouvoirs. Les veturini avaient toujours sur leur berline un tout petit chien Loubet, très vif, très bon gardien, et surtout joli. Ils en conservaient la race avec jalousie. Il fallait être dans leurs bonnes grâces pour en avoir un. Milandri était un des privilégiés, il possédait Pietrino.

A cette époque l'hôtel Victoria était fréquenté par les grands personnages qui s'arrêtaient à Menton, Milandri en était le directeur. Romain de la vraie race, ancien cuisinier, c'était le vrai type de l'hôtelier Italien. Très décoratif, très brun, barbe et yeux noirs, ventre imposant, tenue irréprochable, toujours paradant à la porte de son hôtel, prêt lui et ses domestiques à ouvrir les portières, et à abaisser le marchepied, pour faire descendre les nobles étrangers, qu'il recevait courbé et chapeau bas, il disait invariablement, d'une voix grave et respectueuse, Milord à l'Anglais, M. le Comte au Français, baron à l'Allemand et Altesse au Russe ou Polonais.

C'est chez lui qu'était descendu l'Archiduc Reynier d'Autriche. Pendant la même saison le Prince de Metternich et sa famille habitèrent la Villa Madone, ancienne propriété du Prince de Monaco. La Princesse de Metternich en visite chez l'Archiduc, vit à la porte de l'hôtel, Milandri tenant dans ses bras son minuscule chien Loubet, tout noir, et si joli, qu'elle en fut charmée, et rêva de le posséder. Elle n'en dit rien, et se contenta de féliciter l'heureux propriétaire.

Je donnais des leçons de peinture au Prince, et pendant la leçon du lendemain de la visite à l'Archiduc, la Princesse vint me questionner au sujet du chien, qui, me disait-elle, lui faisait perdre la tête, et qu'elle voulait avoir coûte que coûte. Vous connaissez l'hôtelier, faites votre possible, et réussissez, je vous en serai bien reconnaissante. Je vis Milandri. Sachant son attachement pour son Pietrino, je m'attendais à un refus formel. Ce fut bien pire. En dialecte Transtévérin, et les yeux mouillés de larmes, il me dit: « Mon fils, je m'attendais à cette demande ayant vu hier l'enthousiasme de la Princesse pour mon petit. Eh ! bien, voilà ma réponse : dis-lui que si elle veut ma femme, je suis heureux et prêt à la lui céder pour rien, mais que Milandri ne se séparera jamais de son Pietrino. Ce serait sa mort! La réponse contraria beaucoup la Princesse. Elle me dit qu'elle s'adresserait à l'Archiduc, qui était très aimable pour elle, et qu'elle ne doutait pas que comme client et habitué de l'hôtel, il n'obtienne du terrible Romain ce qu'elle désirait si ardemment. Je fus bien heureux, même en passant pour un ambassadeur maladroit, de me tirer de cette affaire qui au fond me répugnait.

L'Archiduc réussit à avoir Pietrino malgré les

larmes et sans argent, avec grandes promesses de donner souvent de ses nouvelles, à la condition que Milandri en jouirait jusqu'au départ de la Princesse. Le départ eut lieu à la fin de la saison, le voyage se fit par étapes à chacune desquelles on envoyait une dépêche. Pietrino très gai, Pietrino bien portant, Pietrino arrivé à Vienne. Peu à peu les nouvelles s'espacèrent, puis elles cessèrent complètement. Mais Milandri dépérissait. Ses yeux rougis par les larmes, sa bonne figure, étaient l'image de la désolation. Son ventre avait disparu, ses pantalons flottaient vides. Un mois après je causais avec lui. Je cherchais à lui prouver qu'un Romain devait avoir plus d'énergie, et ne pas se laissser abattre, pour une cause qui avait, somme toute, peu d'importance. J'allai même jusqu'à le traiter de « capone » *(Napolitain)* ce qui èst une insulte pour les Romains, vu leur immense mépris pour ces méridionaux. Tout-à-coup me tournant vers l'Est, je vis au fond de la rue, arriver un petit chien noir courant, essoufflé, vers nous. Tenez ne pleurez plus, le voilà votre Pietrino. Le pauvre homme s'affaissa contre sa porte. Le chien fit un dernier bond et tomba mort !

Milandri en souvenir de l'attachement de son chien, lui fit élever un petit monument en marbre qui existait encore il y a quelques années dans le jardin de l'hôtel. Je ne sais s'il y est encore. On a gravé sur le marbre : *Qui giace Pietrino amico fedele.*

Mes débuts
comme peintre d'ex-votos

Invité par des amis je fus passer quelques jours de vacances dans un village aux environs de Nice, sur la route du Piémont. Là j'eus l'occasion de faire mon premier essai dans ce genre. C'était en 1854. Pendant ce séjour, à la suite d'une grave maladie, la jeune fille du Pharmacien, fut prise d'une forte hémorragie qui mit ses jours en danger. La famille fit un vœu à la Vierge de Laghet, et comme la guérison s'ensuivit, on eut recours à moi pour peindre l'ex-voto. Très fier à quinze ans, d'avoir une commande qui me rehausserait parmi mes camarades de

Nice, je me mis à l'œuvre. Il fut convenu que je représenterais la jeune fille au lit, au moment du vomissement de sang, toute la famille anxieuse et attentive autour d'elle, la mère à genoux suppliant la Sainte Vierge. Je fis les portraits des assistants, ainsi que celui du Curé qui était présent. Je me mis à l'œuvre avec passion, et fier du résultat obtenu, je le présentai au Pharmacien. Il jeta une douche d'eau froide sur mon enthousiasme, en me disant : « Mais malheureux qu'avez-vous fait, le tout serait très bien, si ce n'était que votre pièce n'a que trois côtés ! » Remis de mon émoi : « Il fallait me le dire avant de commencer, lui répondis-je, j'aurais fait la façade de la maison, et indiqué par une croix la fenêtre de la pièce dans laquelle le miracle eu lieu ». Le brave homme confondu, se tapa violemment la tête, en se qualifiant d'âne, de sale bête ; et honteux me régla le prix convenu.

Ce début m'attira une clientèle qui s'augmenta par les accidents de chasse, les chutes, et quelques naufrages. Les prix de ces chefs-d'œuvre variaient selon la dimension, et selon l'exécution en noir ou en couleur. Les résultats me permirent des largesses utiles et agréables. J'eus la plus belle boîte de couleurs et la mieux garnie, je m'offris plus souvent le théâtre. Il ne ressemblait guère à l'actuel. Il y avait encore au dessus de la scène la devise de Métastase, (ici on flagelle le vice et on exalte la vertu). Les pâtissiers profitèrent aussi des bénéfices. — Dans le nombre

de mes commandes, j'ai des cas très amusants.
Par exemple, celui d'un roulier faisant les
voyages du Piémont à Nice par le col de Tende,
avec une charrette à trois colliers. Se trouvant
à une descente de la route, il dut serrer le frein
pendant que les mules marchaient lentement.
Tout à coup, on ne sait par quelle cause, une
d'elles se cabra. Le malheureux s'élança pour
l'arrêter. Mais la bête étant très forte, et ruant,
il fut projeté à terre. Une des roues lui passa sur
le corps. Il faut ajouter qu'il avait un dos capable
de supporter un gros poids. Se relevant aussitôt,
et se tâtant, il constata qu'il n'avait rien de cassé.
Voyant en cela un miracle de la Vierge, il décida
sitôt arrivé à Nice de faire un ex-voto. En route
quelqu'un lui avait donné mon adresse. Il vint
chez moi, et après avoir combiné le prix, il m'é-
numéra les marchandises qu'il transportait, la
couleur de ses mules, et tous les détails qui pouvaient m'être utiles. Rien ne fut oublié, et nous
convînmes que je lui remettrais le tableau à son
prochain voyage. A son retour il fut satisfait.
« Mais, me dit-il, j'ai oublié de vous recommander quelque chose de très important. Tous les
charretiers qui suivent ce parcours pourront
vous le dire, sur la colline qui fait face à l'endroit
où le miracle a eu lieu, on voit à minuit précis,
une petite flamme qui a l'air de sortir des pins
qui la dominent, et, comme la lumière d'une
chandelle, se détache sur le ciel ». — « Mais vous
m'avez dit que le fait avait eu lieu à onze heures

et demie du matin ». — « Cela n'y fait rien il faut la faire. Peut-être qu'elle est pour quelque chose dans le miracle ». Comme j'avais déjà l'habitude de contenter tout le monde, et surtout ces braves gens, un seul coup de pinceau de vermillon pur suffit à le satisfaire.

Le coup du tisserand fut encore plus bizarre. Le brave homme avait son atelier de tissage dans une maison sans étage, à un seul rez-de-chaussée. Il logeait avec sa femme dans l'arrière-magasin. La petite bâtisse était directement placée au pied d'une énorme construction très ancienne et élevée de sept étages. Le tout dominait le petit taudis. Au septième habitait un ouvrier menuisier d'une quarantaine d'années. Célibataire et fervent adorateur de la dive bouteille il rentrait à son septième généralement tard, et dans un état d'ébriété plus ou moins prononcé. Un soir d'été, l'honnête couple était couché à l'heure habituelle tandis que le menuisier superposé avait prolongé la soirée, et vu la chaleur, s'était largement gargarisé. Arrivé titubant chez lui, et trouvant la fenêtre ouverte, il se crut un nouveau Pégase, et l'enjambant il se jeta dans le vide. En route son propre poids l'empêcha de dévier, il dut suivre la perpendiculaire qui aboutissait directement sur la toiture et sur le lit du couple tisserand. Par son choc, il entraîna la dite toiture, et le faux Pégase, tuiles et parties de la charpente s'abattirent sur le honnêtes dormeurs. Le réveil forcé qui s'ensuivit, mit les trois acteurs de cette tragédie manquée, dans le plus grand ahurissement. Hors quelques bleus, rien de cassé, ni de démis. L'évidence y était, le miracle indéniable. L'ivrogne se contenta, pour un certain temps, de mettre de l'eau dans son vin, et devint très vieux. Le couple tisserand convaincu d'une intervention céleste, vint me trouver, et me raconta comment les choses s'étaient passées. Ces détails m'étonnèrent, et me mirent dans l'embarras le plus complet. Le problème était dur à résoudre. Comment rendre en une seule composition, ce départ qui devait expliquer la chute et l'arrivée, et surtout la distance qui séparait les deux. J'allai constater l'état des lieux. Le cas était réellement miraculeux. Pour l'ivrogne il fallait admettre qu'il avait été protégé par le Dieu de sa corporation. Mais le brave tisserand et sa femme, comment avaient-ils échappé indemnes à l'écrasement qui devait être complet ? Et surtout comment rendre compréhensible le départ et l'arrivée de ce bolide ? Après de longues méditations, recherches et essais, j'en vins à appliquer le système des peintres primitifs. Je représentai la coupe en profil des deux maisons. L'ivrogne fut ainsi figuré deux fois : à son départ, et à son arrivée sur le lit, accompagné des tuiles, au grand effroi des deux occupants. Le nœud était ainsi tranché, et encore une fois tout le monde fut satisfait.

LA CRÈCHE

Mes amis de l'E. m'ayant invité à passer la
Noël chez eux, je ne manquai pas de me rendre
à leur invitation quatre jours avant la fête. Je
ne me serais pas tant pressé, si j'avais connu
leurs projets. Le succès tout récent de l'ex-voto
du Pharmacien m'avait donné dans ce village
une importance qui me fut prouvée par l'accueil
de mes amis, du Curé, et des gros bonnets du
pays. Je compris qu'ils s'étaient concertés entre
eux pour utiliser mes talents à titre gracieux. Ils
vinrent me prier de vouloir bien organiser une

crèche pour la Noël, en m'assurant de la reconnaissance de toute la population. — Très bien, leur dis-je, je ne demande pas mieux, si vous avez tout ce qu'une telle représentation exige en matériel, en figurines et en outillage spécial. — Leur réponse m'anéantit. Ils possédaient en tout un Bambino en cire, qu'on faisait baiser aux fidèles certains jours de fête. Il était de grandeur presque naturelle. Il fallait donc une Sainte Vierge et un Saint Joseph dans les mêmes proportions. — Pensez-vous donc qu'en trois jours, je puisse faire un tel miracle? n'est-ce pas impossible ? — Ils trouvaient la chose très simple. On ferait deux mannequins en chiffons et copeaux ; la mairesse prêterait pour la Sainte Vierge une vieille robe de sa bisaïeule, et Saint Joseph serait en prêtre. Les habitants donneraient pour la circonstance tous les santons, bergers, chasseurs, rois mages, etc. qu'ils détenaient chez eux. — Et les têtes de la Vierge et de Saint Joseph, où les prendrez-vous ? — Ah ! ça c'est votre affaire. — Je refusai ; trois jours étaient insuffisants pour une telle entreprise. Ils insistèrent. Les dames et demoiselles s'en mêlèrent. J'avais seize ans. A cet âge on ne doute de rien. Je cédai à leurs instances, à la conditon que je ne serais pas responsable de ce qui pourrait résulter. Je me félicitai plus tard de m'être mis en garde de ce côté.

Séance tenante, je m'informai s'il était possible de trouver de l'argile dans le pays. Le maire en avait dans ses terres ; il me promit d'en envoyer une forte provision le lendemain à huit heures du matin. Je dessinai pour le menuisier deux squelettes en bois à exécuter le plus tôt possible. Je lui recommandai de m'envoyer des copeaux et de la sciure de bois. Je demandai de la grosse toile, des clous. Chez l'épicier, du blanc d'Espagne, de la terre rouge, de la terre jaune et noire, c'étaient les seules couleurs qu'on pouvait trouver dans le village. Toutes ces commandes furent faites avant d'aller au lit. Ceux qui en furent chargés ne durent sûrement pas dormir d'un sommeil aussi calme que le mien. A mon réveil, hors les squelettes du menuisier, tout était arrivé. Je me mis aussitôt à l'œuvre, je débutai par la tête de la Sainte Vierge. Saint Joseph vint après. A peine finies et toutes fraîches, les deux têtes furent poudrées avec les différentes couleurs. J'obtins ainsi les teintes des chairs des cheveux et de la barbe. Après avoir rembourré les squelettes de leur contenu, et obtenu un ensemble à peu près humain, il ne restait qu'à introduire les bois qui formaient l'âme de mes têtes, dans leurs emplacements préparés à l'avance, formant ainsi le corps complet. Une fois terminées et à leurs places définitives dans une des chapelles de l'Eglise, la Vierge fut revêtue de la robe à paniers de l'aïeule de la Mairesse. Saint Joseph fut habillé en chanoine. Le plus important pour moi était fait. La chapelle consacrée à la crèche était interdite au public. A ma sortie je tombai sur un tas de choses bizarres, et de gens en émoi. Tous avaient apporté leur tribut. Quel cocasse entassement de moutons, de bergers, de chasseurs, avec leurs chiens et leurs fusils, de Rois Mages ! Le tout comme en pain d'épices était de proportions minuscules. Il y avait des poupées, des vases de fleurs artificielles et naturelles, et des masses d'objets plus ou moins adaptés au sujet, comme des tableaux et des images d'Epinal. Quel mélange hétéroclite et d'anachronismes ! Tous demandaient les premières places, pour leurs objets. Ils l'obtenaient par la force des choses. Le malheur était dans la disposition de la crèche vers les spectateurs. Dominé au fond par le groupe principal de la Sainte Vierge, de l'Enfant Jésus et de Saint Joseph, tous ces petits figurants ne pouvaient être placés qu'au premier plan. Ils produisaient une perspective renversée qui devait choquer toute personne raisonnable. J'insistai sur cet inconvénient, sur son ridicule, mais rien n'y fit ; la joie les aveuglait. Pas du tout ; cela sera superbe, disaient-ils ! — Mais qu'en pensera un étranger se trouvant là ? Il ne pourra que se moquer de vous et de tous, surtout des organisateurs, et il fera une renommée genre Martigue à votre pays ! — Il n'y aura pas d'étranger, et s'il y en a un, il gardera ses appréciations et ses critiques pour lui. — Ce parti pris m'amena à leur recommander, de ne pas parler de collaboration à cette grotesque exhibition.

D'heure en heure l'enthousiasme gagnait toute

la population. Tout le monde voulait participer à la confection de la crèche. Un orchestre improvisé répétait à la Pharmacie, le barbier y allait du violon, le Pharmacien du violoncelle, l'instituteur du cor de chasse, ce qui produisait un ensemble ni harmonieux, ni classique. Seule la bonne volonté forçait l'indulgence. Les demoiselles répétaient les chants. Les enfants charriaient la mousse et le gravier fin pour les allées sur lesquelles les figurants prenaient leurs places comme se dirigeant vers la sainte étable. Tous les métiers voulaient y concourir ; les maçons avaient empilé de vrais cailloux pour ériger la grotte, et construit une espèce de moulin à farine. Le serrurier installait un ruban en fer forgé pour inscrire une légende. Le ferblantier préparait les bobèches en fer blanc pour les chandelles à l'avant-scène, près de l'orchestre et des chœurs de jeunes filles.

Les marguilliers surveillaient le mouvement, armés de bouteilles de leur meilleur vin, pour stimuler les travailleurs.

Le grand moment arriva enfin. La population complète était présente. Le carillon ne cessait d'appeler les gens des villages voisins. Après les vêpres la cérémonie commença. L'Orchestre et les chœurs préludèrent. Tous admiraient extasiés, convaincus. Moi seul dans un coin je ne pouvais prendre au sérieux cette fête manquée, et surtout je craignais quelque surprise.

Enfin vint le moment de la bénédiction. A

l'instant où le Curé levait le Saint Sacrement, je vis avec effroi la tête de Saint Joseph faire un très petit mouvement d'inclinaison à gauche, comme volontaire aux yeux de beaucoup. Puis encore un, mais plus prononcé, suivi d'un changement automatique du regard dirigé vers le public. Enfin l'ébranlement définitif se produisit, le poids l'emporta, la terre encore molle facilita la chose. La chute ébranla l'installation complète. Comme une masse, elle roula vers la pente qu'elle nettoya de tous les santons, chasseurs, mages etc., qui n'étaient plus qu'un bloc avec elle, quand elle arriva au milieu de l'orchestre. Tableau ! La surprise que je prévoyais s'était réalisée. Ce qui prouve qu'il ne faut rien faire avec presse !

La Villa Médicis

Lors de mon départ pour Rome en 1859, le
Prince Charles III, toujours prévoyant, m'obtint
du comte de Neuwerkerki, directeur des beaux-
arts sous l'Empire, une lettre de recommandation pour Monsieur Chenetz alors directeur de
l'Académie de France à Rome. Arrivé dans cette
ville, je commençai par visiter le brave Docteur
Grana de Roquebrune, toujours serviable pour
ses compatriotes. Avec sa bonté habituelle, il
m'offrit ses services, et ses conseils. Très connu
et estimé, il était un des docteurs de l'Ambassade,
et de l'Académie de France. Il se proposa pour
me conduire chez Monsieur Chenetz. J'en fus

enchanté. A vingt ans, la jeunesse d'alors n'avait pas l'aplomb de nos nouvelles générations. Est-ce un bien, ou est-ce un mal ? Il me fit la leçon avant d'être introduit ; parlez très haut, il est sourd comme plusieurs cloches, et il ne parle que l'Italien. Il est à Rome depuis cinquante ans, et ne veut s'exprimer que dans cette langue, qu'il prononce d'ailleurs très mal, appuyant trop sur la dernière syllabe, comme tous les Français. Quand un nouveau grand prix arrive, il faut un interprète.

Nous entrâmes. Je compris que seul, j'aurais passé un mauvais quart d'heure. C'était un très grand vieillard, très fort, très droit, à la barbe poivre et sel, à l'air très imposant, l'air d'un grand Romain. mais en même temps il y avait de la bonhomie dans l'ensemble de sa figure. Il fut très aimable et me parla de notre grande route de la Corniche, qui l'avait charmé. Il m'autorisa à venir travailler au modèle vivant le soir, et pendant la journée, à dessiner à la galerie des antiques. Je Jui exprimai comme je pus ma reconnaissance. Il y avait de quoi, cela représentait une économie très sensible dans mon budget. J'en ai largement usé. Jai connu la plupart des grands prix de cette époque. Hulman Giacometti, Maniglia, Henner, qui était à la fin de son séjour. Carpeau, Clément, Dubois, Didier etc. Tous sont morts ! Il est vrai que l'âge n'était pas limité comme il le fut plus tard, Clément et d'autres dépassaient la quarantaine.

A la salle du modèle vivant, venaient travailler une quantité de jeunes gens Romains, et d'autres nationalités, qui dans les mêmes conditions que moi, soit recommandation ou protection, y étaient admis. En remarquant la vétusté des bancs lourds et massifs, aux angles usés qui formaient l'hémicycle en face du modèle, on pouvait juger qu'ils devaient dater de quelques siècles, et qu'ils devaient faire partie du mobilier de l'Ancienne Académie, installée au Cours, dans le Palais de Nevers. Cette ancienneté confirmait mon idée que mon bisaïeul Claude Vignalis, prix de Rome en 1730, et son fils Jean-Baptiste Vignalis, prix de Rome à 19 ans, en 1781, s'y étaient assis, quand ils travaillaient au modèle vivant. J'ai encore des deux, beaucoup d'études du nu, qu'ils doivent avoir exécutées, probablement assis sur ces bancs.

Cette salle est donc consacrée par des siècles d'existence. Elle a été d'une grande utilité pour plusieurs générations de jeunes artistes, qui n'ayant pas le moyen de payer des modèles, purent étudier sans aucun frais, tout étant à la charge du Gouvernement Français. Cette promiscuité de nationalités, et je dirais, quelquefois de pauvres diables, éloigne souvent les grands prix. Ils sont tenus par le règlement, une semaine chacun, à surveiller, à choisir le modèle, et la pose. Mais quelques-uns évitent quand ils le peuvent cette corvée. Comme il y en a, qui aiment se dévouer, ils leur laissaient avec plaisir remplir ce rôle. Les dévoués principaux de mon temps étaient Hulman, et Dubois. Ils étaient des plus jeunes, et aimaient cette réunion de jeunesse studieuse et enthousiaste. Que de grands artistes, dans leurs commencements difficiles ont eu les premières notions d'art, dans cette vieille salle voûtée, qui date des Médicis. C'est donc à la France qu'ils doivent d'être montés sur ce premier échelon de leur célébrité.

Monsieur Chenetz venait une fois par mois faire acte de présence, pendant un quart d'heure, et fumer son cigare. C'était l'occasion, à cause de sa surdité complète, de coq-à-l'âne et de quiproquos très amusants. Mon ami Biot, 1er prix Belge de gravure, y venait. Il y eut une scène comique entre lui et le Directeur, qu'il ne connaissait pas. Biot sourd à l'excès, bègue et louchant en plus, était à côté de moi. Très haut, il s'écrie, qui ? qui est-ce ? Avec les lèvres et des grimaces, je cherchais à lui faire comprendre. Le Directeur s'approchant de lui, demanda qui il était, et d'où il était. Il répondit par des quoi ? quoi ? prolongés, qui ? qui-est-ce ? qu'est-ce qu'il veut ? Hulman lui hurlait à l'oreille, Monsieur Chenetz, en faisant signe à celui-ci, et indiquant son oreille. Monsieur le Directeur pour en finir lui tendit gentiment la main, et s'en alla, sur un s... sa... salut Monsieur du pauvre Biot. Il fut navré quand nous lui écrivîmes le nom et la qualité du visiteur.

Le jour de ma visite à Monsieur Chenetz, je

ne vis que le grand escalier qui conduit aux appartements directoriaux. Par leurs dimensions grandioses, ils me donnèrent une idée de la somptuosité du vaste édifice. Je vis la façade Ouest, très sévère, très massive. Rien ne me faisait prévoir la beauté du côté Est. Ce fut quelques jours après que mon brave ami Bonardel, un familier de la maison (ce qui lui a permis de me présenter à plusieurs des grands prix qu'il connaissait), me fit visiter la partie la plus riche, en architecture, sculpture, et en beautés de toutes sortes.

Nous montâmes par un petit escalier qui mettait en communication le rez-de-chaussée avec la grande esplanade de l'Est. Pour que la sensation de grandeur et de beauté soit plus forte, arrivés au haut de l'escalier, l'ami ou le cicerone, vous recommande de fermer les yeux, et vous guide par le bras, jusqu'au point où la vue est la plus impressionante. On reste vraiment ahuri quand on se trouve dans le vaste vestibule. L'ouverture se fait par trois grandes baies, soutenues par deux couples de colonnes énormes en marbre antique, de chaque côté deux lions, deux colosses, semblent en garder l'entrée. Devant la grande et haute baie du milieu, un palier sépare les deux escaliers qui mènent à l'esplanade, sur ce même palier une vaste coupe antique en porphyre. L'intérieur du portique contient plusieurs statues de divinités, et des bustes d'Empereurs Romains. Plusieurs sont en marbre polychromes. Toutes ces statues sont de proportions colossales. Mais

ce qui dépasse tout en beauté, c'est la vue de la
grande esplanade qui domine la splendide Villa
Borghèse. Au fond, et sur le grand mur de ceinture de la ville, la grande statue de Rome en marbre haute de huit mètres, entre deux couples d'énormes pins parasols. Un chapelet de sarcophages antiques entoure la grande place. En tournant le dos à la même statue, on a la vue complète de la façade de la villa dans toute sa splendeur architecturale. La décoration est d'une richesse inouïe. Elle est un musée de sculptures antiques. Sur chaque panneau sont fixés des bas-reliefs, des hauts-reliefs adaptés à l'architecture attribuée à Michel-Ange. Au sud, un long corps de bâtiment, c'est la galerie des reproductions, de statues grecques et Romaines. Au-dessus de cette bâtisse, est un parc comme un jardin suspendu, au milieu duquel s'élève le labyrinthe, construit en Belvedère qui domine la colline du Pincio. On a de ce point, un des plus élevés de la ville, un panorama complet de Rome, et de tout ce qui l'entoure jusqu'à l'horizon. Plus bas, au Nord, le parc s'étend de l'esplanade, jusqu'à la promenade du Pincio, dont il est séparé par une grande grille. De longues allées le coupent dans les deux sens, ombragées par de gigantesques lauriers aux parfums enivrants. La voûte de verdure de ces allées, est tellement sombre qu'en y pénétrant, on aperçoit l'extrémité comme un feu lumineux et rouge. A chaque angle des allées, sont placés en guise de bornes, des Dieux termes en marbre,

qui ont joué le même rôle dans les grandes villas des Anciens Romains. La longue allée ouest domine parallélement l'avenue du Pincio. On a de là, la vue de Rome, de la Trinité du Mont, du Quirinal, du Capitole, les dômes de toutes les églises. En face le Vatican, Saint Pierre, dans la plaine le Fort Saint-Ange, plus loin le Monte Mario. L'Avenue du côté Est, est bordée par les constructions servant d'ateliers aux pensionnaires. Elles sont faites sur les murs d'enceinte de la ville. De leurs fenêtres on surplombe de 40^m au moins, la voie de ceinture. La villa Borghèse est en face. Plus loin le Mont Soracte, et plus au sud la superbe silhouette des Monts Sabins.

Quel agréable et beau souvenir, n'ont-ils pas emporté les heureux privilégiés qui ont habité pendant plusieurs années de ce délicieux séjour? Combien j'en ai connus, qui au loin, et vieux, étaient émus en parlant de leur Villa Médicis !

Moi-même, je vois toujours, cet ensemble de beautés. Il est fixé dans mes yeux et ma mémoire pour le reste de ma vie.

Épilogue

L'auteur de ces Souvenirs, Ph. Florence, était né à Monaco en 1839. Depuis 1918 ses cendres y reposent.

Artiste de réelle valeur, goûté par la Société Anglaise à Menton et choisi à Monaco pour les décorations de Grand Art (Château Mallet, Galerie d'Hercule au Palais, etc.) il appartenait à la famille des Vignalis, célèbre à Florence (Italie) depuis le XVIIme siècle. Elle a donné même son nom à l'une des Galeries d'un des Musées de cette ville.

La plupart des Tableaux de Maîtres nomenclaturés ci-dessous et qui sont en vente au domicile de Ph. Florence, rue de Lorraine à Monaco, lui sont venus des Vignalis.

Les quelques autres ont été collectionnés par le peintre Ph. Florence lui-même, et l'on peut se fier au jugement et au goût de cet homme droit, d'une loyauté scrupuleuse en Art comme en tout.

TOILES

N° 1. — Saint André. — Valentin.

N° 2. — Tête d'étude. — Vieillard. — AUTHON.

N° 3. — Portrait de Huguenot, attribué à Ph. de Champaigne.

N° 4. — Portrait de femme, Colerette, Ecole Hollandaise.

N° 5. — Paysage Romain. — Gaspart POUSSIN. Authentique.

N° 6. — Assomption sur Albâtre. Ecole de Raphaël.

N° 7. — Esquisse plafond. — TIEPOLO. — Authentique.

N° 8. — Ecce homo. (Cadre époque), attribué à PALMA.

N° 9. — Saint Jérôme au Désert, sur bois, Ecole de Bologne.

N° 10. — Sainte famille. — GERARDO del NETTI. — Authentique.

N° 11. — Saint Pierre reniant le Christ. — Attribué à MICHEL-ANGE.

N° 12. — Vieillard lisant. — Attribué à FRANC FLOOR.

N° 13. — Saint Jean au Désert. — Sur bois. — Ecole Vénitienne.

N° 14. — Belle tête. — Vieillard. — Saint Paul. — GUIDE. — Authentique.

N° 15. — Adoration des Mages, sur cuivre. — Cadre époque, authentique.

N° 16. — Tableau sur bois. — Esquisse authentique. — COYPEL.

N°ˢ 17 et 18. — Deux superbes Paysages. Authentiques. — ROSA DE TIVOLI.

N° 19. — Mort de Saint Joseph. — Attribué à CARLO MARATTA.

N° 20. — Tête de Vieillard. — Ecole Romaine.

N° 21. — Belle Esquisse. — Ecole Française.

N° 22. — Paysage. — Ecole Hollandaise.

N° 23. — Marine. Authentique. — TEMPESTINO.

N° 24. — Paysage avec figure. — Attribué à BERGHEN.

N° 25. — Tête. Portrait. — Attribué au CORRÈGE.

N° 26. — Sainte Famille. — Authentique. — LUCCA GIORDANO.

N° 27. — Agonie du Christ, sur bois. — Ecole Espagnole.

Nº 28. — Superbe Vierge. — Attribuée à CARLO DOLCI.

Nº 29. — Cléopâtre. — GUIDO RENI.

Nº 30. — Calvaire, sur bois. Cadre de l'époque. — Ecole Hollandaise etc, etc,

Et maintenant il ne nous reste à conter qu'une simple anecdote. Il y a quelques années la famille Florence vendit 500 fr., un tableau qu'elle jugeait encombrant. Passant de mains en mains en quelques années ce tableau arriva à Londres. — Un connaisseur le découvrit dans une échoppe de la Cité. Et comme il était incontestablement de « TÉNIERS » il l'acheta pour rien et le revendit 15.000 francs.

Table des Matières

pages

Avant-propos 5

I

AUX TEMPS HÉROIQUES

Les Portes du Vieux Monaco 9
La Plage du Canton 14
1848. — Monégasques et Mentonnais 19
Souvenirs et Impressions d'enfance 22
La Danse 32
Saint-Pierre Basani 39
La Procession du Vendredi-Saint à
    Monaco 42

II

TYPES D'AUTREFOIS

De   Bonis......................... 49
Domenico Comparetti.................. 61
Vachieri 73
Les Rebouteurs..................... 83
Types de joueurs aux temps préhisto-
riques 93

III

JOLIS RIENS, BAGATELLES

Pietrino 121
Mes débuts comme peintre d'ex-votos.... 125
La   Crèche......................... 131
La Villa Médicis..................... 138

Epilogue 147